AI 产品经理手册

[美] 艾琳·布拉西斯(Irene Bratsis) 著

张玉君 刘 璐 译

清华大学出版社

北 京

北京市版权局著作权合同登记号　图字：01-2023-4311

本书封面贴有清华大学出版社防伪标签，无标签者不得销售。
版权所有，侵权必究。举报：010-62782989，beiqinquan@tup.tsinghua.edu.cn。

图书在版编目(CIP)数据

AI 产品经理手册 /(美) 艾琳·布拉西斯 (Irene Bratsis) 著；张玉君，刘璐译. -- 北京：清华大学出版社, 2024.10 (2025.3重印) . -- ISBN 978-7-302-67432-0

Ⅰ. F49-62

中国国家版本馆 CIP 数据核字第 20241CA344 号

责任编辑：王　军
封面设计：孔祥峰
版式设计：思创景点
责任校对：成凤进
责任印制：丛怀宇

出版发行：清华大学出版社
　　　　　网　　　址：https://www.tup.com.cn，https://www.wqxuetang.com
　　　　　地　　　址：北京清华大学学研大厦 A 座　　　邮　　编：100084
　　　　　社 总 机：010-83470000　　　　　　　　　邮　　购：010-62786544
　　　　　投稿与读者服务：010-62776969，c-service@tup.tsinghua.edu.cn
　　　　　质 量 反 馈：010-62772015，zhiliang@tup.tsinghua.edu.cn
印 装 者：天津鑫丰华印务有限公司
经　　销：全国新华书店
开　　本：148mm×210mm　　　印　　张：8.25　　　字　　数：236 千字
版　　次：2024 年 11 月第 1 版　　印　　次：2025 年 3 月第 2 次印刷
定　　价：59.80 元

产品编号：103768-01

谨以此书献给那些有勇气追求并实现梦想的人……愿你们永葆此心!

—Irene Bratsis

译 者 序

嗨，亲爱的读者！

很高兴为大家带来这本《AI产品经理手册》。AI将颠覆所有行业，越来越多的企业开始拥抱AI。AI是IT从业者的必经之路，我们务必把握先机。

虽然AI在高速发展，但企业对AI的认知和对AI产品构建的认识仍然非常有限。对此，本书简单明了地介绍AI技术的基础知识，并从具体应用场景出发，讲解AI产品构建方法以及AI产品开发过程中的团队合作。本书适合AI领域的产品人员、运营人员、跨界者和创业者阅读，帮助他们应用AI、发挥资源优势，并掌握AI赋能的实际场景。

能够参与本书的翻译工作，我深感荣幸。我先后从事过大数据与推荐系统、企业智能化转型、SaaS智能化升级等工作，算是AI领域发展的一个见证人。本书内容和我的工作经历非常吻合。我希望通过我的努力，将作者的著作精华准确地传达给中文读者，并为大家提供一份关于AI产品经理的全面的、有价值的学习资料。同时，我也希望读者能够在阅读本书的过程中，深入理解AI产品的核心价值和前景，从而更好地为自己的职业生涯做出规划和决策。

我要感谢所有为《AI产品经理手册》付出努力的人，包括出版社、编辑、校对和排版人员，他们的辛勤工作和专业精神，使本书得以顺利出版。同时，我也要感谢本书的另一位译者刘璐，她为本书的翻译付出了非常大的努力。最后，我要感谢我的家人们，能够理解和支持我，能够接受我将部分家庭生活时间分配到本书的翻译工作中。

希望本书能够为你们带来启发和帮助，让我们一起加入 AI 的行列，创造更加美好的未来！

张玉君

关于作者

　　Irene Bratsis(艾琳·布拉西斯)是国际 WELL 建筑研究所 (International WELL Building Institute，IWBI)的数字产品和数据主管。她拥有经济学学士学位，在学习数据科学和大数据分析方面的慕课(MOOC)后，还在 Thinkful 上学习了一门数据科学的课程。在加入 IWBI 前，Irene 曾担任特斯拉的运营分析师、Gesture 的数据科学家、Beekin 的数据产品经理、Tenacity 的产品主管。Irene 作为《纽约公约》的志愿者，担任"Women in Data"分会的联合负责人，积极投身于各种志愿者活动。她曾策划并组织过多个 AI 加速器项目，多次主持以"WaiTalk"(Women in AI)为主题的系列演讲活动。此外，她还每月组织一次关于数据和 AI 书籍的读书会。

关于审稿人

    Akshat Gurnani 是一位在计算机科学和机器学习领域背景深厚的高级人才。他拥有计算机科学硕士学位，对各种机器学习技术和算法有深入的研究，拥有与自然语言处理、计算机视觉和深度学习相关的各种项目的工作经验。他在顶级期刊和会议上发表了多篇研究论文，并在该领域拥有良好的业绩。他对领域的最新发展保持浓厚的兴趣，并渴望继续研究 AI，为 AI 的发展做出贡献。

前 言

现在，人们对 AI 充满了兴趣和看法。这些年，我亲身经历了对 AI 的感受和认识的此起彼伏。我还是学生时，就对 AI 以及伴随而来的第四次工业革命感到无比激动和期待。然而，当我开始组织读书会，每月阅读有关 AI 的书籍，了解到对 AI 的偏见和依赖如何以或明显或隐蔽的方式威胁着我们的生活时，这份热情很快冷却下来。后来，我开始主持活动，邀请来自 AI 和机器学习领域的各方人士，他们不仅分享了如何在自己的工作中运用这项技术，还表达了关于 AI 如何影响人类未来的看法。

这让人回想起：每当科技发生飞跃式进步时，我们总会陷入一个重大争议。在了解了其中的风险后，我们是否敢于采用强大的技术？在我看来，我们别无选择，争议只是自欺欺人。AI 已经到来，悲观担忧并不能保护我们免受潜在的危害。潘多拉的盒子已经打开，当我们审视其中的内容时，会发现希望永不止息。

AI 会如实地反映出社会的偏见和不平等，而目前这种情况并不是喜闻乐见的。本书希望大家能够学会如何负责任地采用 AI，减少其可能带来的伤害，并使其最大限度地造福现代社会。我撰写这本关于 AI 产品管理的书，是为了帮助产品经理将模糊的想法变成真实的产品。在书中，我将尽力详细介绍如何以诚信的方式构思、构建、管理和维护 AI 产品，这是我目前对这个领域做出的最大努力。能够撰写本书也是我的荣幸。

本书读者对象

　　本书适合想要成为 AI 产品经理、AI 技术人员和企业家的读者，或者致力于将 AI 产品落地的读者。如果你已经在从事产品管理，并对构建 AI 产品感兴趣，那么本书应该对你有所帮助。如果你已经在某种程度上从事 AI 开发工作，并希望将这些概念引入产品管理，扮演商业化的角色，那么本书也适合你。虽然书中的某些章节更侧重于技术，但书中所有技术内容都是入门级的，适合所有人阅读。

本书内容

　　第 1 章 "构建 AI 产品所需要的基础设施和工具"：概述管理 AI 产品的基本概念和基础设施。

　　第 2 章 "AI 产品的模型开发和维护"：深入探讨模型开发和维护的细节。

　　第 3 章 "机器学习和深度学习深入剖析"：详细讨论传统机器学习和深度学习算法之间的差异及其用例。

　　第 4 章 "AI 产品的商业化"：讨论了在市场上 AI 产品的不同领域，以及有助于商业化的伦理和关键因素。

　　第 5 章 "AI 转型及其对产品管理的影响"：探讨未来 AI 应用融入主要市场领域的方式。

　　第 6 章 "了解 AI 原生产品"：概述打造 AI 原生产品所需要的战略、流程和团队建设。

　　第 7 章 "机器学习服务产品化"：探讨从零开始构建 AI 产品时可能遇到的困难和挑战。

　　第 8 章 "面向垂直领域、客户和同行群体的定制化"：讨论 AI

产品在不同垂直领域、客户类型和同行群体中的变化和发展。

第 9 章"产品的宏观 AI 和微观 AI"：概述利用 AI 的各种大大小小的方式，以及一些最成功案例和常见错误。

第 10 章"性能基准、增长策略和成本"：解释在产品层面而非模型性能层面衡量产品成功的标杆。

第 11 章"AI 的浪潮"：重新审视第四次工业革命的概念，并为目前尚未采用 AI 的产品提供蓝图。

第 12 章"行业发展趋势与洞察"：深入探讨 AI 在不同行业的发展趋势，及知名研究机构的研究成果。

第 13 章"将产品演进为 AI 产品"：本章是一个实用指南，介绍如何提供 AI 功能，并优化现有产品的逻辑，以成功地将产品升级为具有商业价值的 AI 产品。

参考文献扫描封底二维码下载。

目　　录

第Ⅰ部分

AI的基础：术语、基础设施、AI类型以及AI产品案例

如果 AI 产品经理想要将产品商业化，他们需要对 AI 以及所有 AI 成功落地所需要的各种组件有全面的了解。

本书的第Ⅰ部分由五章组成，包括 AI 的定义和相关术语，以及如何在组织中构建基础设施来支持 AI 成功落地。本部分还介绍如何从维护的角度支持 AI 项目，如何在机器学习(Machine Learning, ML)和深度学习(Deep Learning, DL)领域选择最佳路径，以及如何了解当前和未来 AI 产品的发展。

通过本部分的学习，可以了解 AI 的相关术语和组成要素，从投资的角度了解 AI 实施的意义，了解如何可持续地维护 AI 产品，以及如何选择最适合产品和市场的 AI 类型。此外，还可以学习如何理解构思和构建最小可行产品(Minimal Viable Product，MVP)的成功因素，以及如何打造真正能满足市场需求的产品。

本部分包括以下各章。

● 第 1 章：构建 AI 产品所需要的基础设施和工具

- 第 2 章：AI 产品的模型开发和维护
- 第 3 章：机器学习和深度学习深入剖析
- 第 4 章：AI 产品的商业化
- 第 5 章：AI 转型及其对产品管理的影响

第 *1* 章

构建AI产品所需要的基础设施和工具

随着对新的产品概念、组织方式和行业发展的深入探索，AI的发展速度也在不断加快。我们生活的方方面面都将以某种方式受到 AI 的影响。希望通过阅读本书，读者对于在正在支持的或将要构建的产品中采用 AI，能有更多的了解和信心。

本书的第 I 部分将对整个 AI 领域进行概述，并介绍 AI 相关术语、基础设施、各种 AI 算法和成功的产品案例。阅读本部分的内容，可以了解在制定 AI 战略时需要考虑的各种因素，无论创建一个 AI 原生产品还是为现有产品添加 AI 功能。

管理 AI 产品是一个高度迭代的过程，产品经理的工作是帮助组织发现基础设施、训练和部署工作流的最佳组合，以在目标市场上取得最大成功。AI 产品的性能和成功的关键在于管理 AI 流程所需要的基础设施，需要充分理解，才能将其输出集成到产品中。本章将介绍数据库、工作台、部署策略和AI项目的管理工具等，以及如何评估产品的效能。

本章对第 I 部分中的后续各章提供整体的概览，更重要的是对一些术语的定义进行解释。在当今的竞争环境中，都以 AI 为主要营销卖点，很少使用这些术语。如今，几乎每个产品都标榜自己是 AI 产品，导致 AI 这个词也被滥用并变得含糊不清。虽然这种情况短期内不会改变，但随着消费者和客户越来越了解 AI、机器学习和数据科学的能力与具体细节，我们可以更清楚地看到这些产品是如何构建和优化的。无论你是想要从 0 到 1 创建一个 AI 产品，还是想要将 AI 应用到现有产品，理解 AI 的背景知识都非常重要。

本章主要介绍以下主题。

- 定义：什么是 AI，什么不是 AI
- 机器学习与深度学习的区别
- 机器学习中的学习类型
- 流程顺序：最佳流程及其过程
- 数据库基础：数据库、数据仓库、数据湖和湖仓
- 项目管理：IaaS(基础设施即服务)
- 部署策略：部署与应用模型
- AI 的成功案例：构建基础设施的成功案例
- AI 的潜力：AI 的发展方向

1.1　定义：什么是 AI，什么不是 AI

1950 年，数学家艾伦·图灵(Alan Turing)在他的论文"Computing Machinery and Intelligence-Can machines think？"中提出了一个问题：机器能思考吗？至今，人们仍在探讨这个问题。根据不同的观点，AI 可以有许多不同的定义。在互联网中，AI 的应用领域非常广泛，从医疗保健和金融领域使用的专家系统，到人脸识别、自然语言处理和回归模型等。本章将介绍市场上一些新兴产品中的 AI 应用。

为了使 AI 应用在各行各业的产品中，本书将主要关注机器学

习和深度学习模型的使用。这些模型在实际生产中经常使用，几乎覆盖了所有市面上的 AI 产品。我们使用 AI/ML 作为总称，涵盖一系列机器学习应用，并将介绍大多数人了解的机器学习的主要领域，如深度学习、计算机视觉、自然语言处理和人脸识别。这些应用是 AI 领域中最常见的应用方式，熟悉这些应用对于即将进入 AI 领域的产品经理来说非常有帮助。如果你希望从其他产品管理背景进入 AI 领域，希望本书能帮你选择最适合自己的 AI 领域。

本章还会解释什么是机器学习，什么不是机器学习。简而言之：如果一台机器通过学习以往的行为提高其准确率，那就是机器学习！学习是其中的核心要素。虽然没有哪个模型是完美的，但模型可通过学习获得很多能力。每个模型都需要调优超参数(hyperparameter tuning)，每个模型的使用都有一定的性能范围。数据科学家和机器学习工程师在研究这些模型时，可以对基准性能进行评估，并研究如何改善性能。如果机器的内核是固定的硬编码的规则，就不能算是机器学习。

AI 是计算机科学的一个分支。程序员所做的实际上是给计算机设定一系列指令，让它按照指令的要求执行。如果程序只是按照预先设定的指令执行，不能从过去的经验中学习，就不能称为机器学习。在过去，规则引擎或专家系统等程序也被认为是 AI 的一种形式，但它们并非机器学习，因为它们仅仅是在模仿人的工作，本身并没有自主学习或改变的能力。

我们现在处于一个 AI 采用的困惑时期。一方面，AI 尚未普及，关于什么样的产品才能称为 AI 没有明确的定义；而在市场上还没有对 AI 的明确解释的情况下，营销人员纷纷给产品贴上 AI 标签。这让消费者和技术人员都感到困惑。相信在看到 AI 产品的广告时，你也有这种感觉。

另一方面，对于大多数人来说，一提到 AI，就会联想到 20 世纪 80 年代的《终结者》系列电影以及其他描述科技灭世的未来主义作品。虽然 AI 确实可能会带来许多危害，但这种描绘所代表的是强人工智能或通用人工智能(Artificial General Intelligence，AGI)。而目前的 AI 是人工狭窄智能或狭义人工智能(Artificial Narrow Intelligence，ANI)，离实现 AGI 还有很长的路要走。

ANI 通常被称为弱人工智能，现在看到的、带有 AI 的产品，一般指的就是 ANI。顾名思义，ANI 是 AI 的狭窄应用。它可能擅长与你对话、预测未来价值或组织事务。它也许是某些领域的专家，但它的专长无法延伸到其他领域。如果能够延伸，它就不仅仅是 ANI 了。与人类智能相比，这些 AI 的主要领域被称为强人工智能和弱人工智能。即使是目前最具代表性的对话型 AI，看起来非常逼真，实际上也只是一种虚拟的智能。事实上，目前存在的所有 AI 都属于弱人工智能或者 ANI。《终结者》离我们仍然很遥远，也许永远无法实现。

网上经常可以看到关于 AI 具有意识或对人类怀有敌意的帖子，本书想要明确表明以下观点：AGI 并不存在，没有所谓有意识的 AI。不过，这并不意味着 AI 在现实中不会对人类造成伤害。注意，不合乎伦理、草率地采用 AI 已经给人们的生活带来了或多或少的不便或困扰。符合伦理并负责任地构建 AI 仍然任重而道远。虽然 AI 系统不会有意地破坏人类社会，但如果没有经过充分测试、适当管理和偏见审查，ANI 应用有可能对人们的生活造成真正的伤害。

目前，机器能像人类一样思考吗？还不能。将来会吗？我们希望不会。我个人认为，通过 AI，人类所面临的痛苦和困扰将在我们这一代结束。我们深信：无论是我们生活中最严重的问题，还是我们最疯狂的好奇心，都将因 AI 和机器学习得到显著改变。

1.2　机器学习与深度学习的区别

作为产品经理，需要与技术团队建立牢固的信任关系，这样才能一起打造一款出色的产品，才能在技术上和功能上达到最佳水平。阅读本书时，你可能已经了解过机器学习和深度学习这些词。接下来将介绍一些机器学习与深度学习的基础知识，并在第 3 章更详细地解释这些概念。

1.2.1　机器学习

机器学习(ML)主要由两个关键部分组成：所使用的模型和用于学习的训练数据。这些数据是历史数据点，能够为机器提供一个学习的基础。理论上，每次重新训练模型时，模型的性能都会有所提升。如何选择、构建、调整和维护这些模型以实现最佳性能，是数据科学家和机器学习工程师的工作任务。产品经理的任务是将这些符合性能的成果用于优化产品体验。AI 产品管理中，产品经理需要与数据科学家和机器学习团队密切合作。

作为 AI 产品经理，需要与不同的团队合作。根据组织的结构，可能会与数据科学家和开发人员合作，一起部署机器学习；或者与机器学习工程师合作，他们既能训练和维护模型，又能将其应用到实际生产中。总之，你必须与所有这些团队以及 DevOps 保持密切的合作关系。

所有机器学习模型都可以分为以下四种主要的学习类型：

- 监督学习
- 无监督学习
- 半监督学习
- 强化学习

这是机器学习的四个主要类型，每个类型都有其特定的模型和算法，并通过不同的方式使用。学习类型与数据是否被标注以及对表现良好的模型的奖励方法有关。这些学习类型适用于所有机器学习模型和深度学习模型。在接下来的章节中，将更深入地探讨机器学习中的学习类型。

1.2.2　深度学习

深度学习(DL)是机器学习的一个分支，但这两个术语通常被当作几乎完全不同的概念。原因是深度学习基于神经网络算法，机器学习则通常基于神经网络外的其他算法。在前面介绍机器学习的内容中，讨论了如何处理数据，使用数据来训练模型，并预测未来数据。每次使用模型时，都可以通过它与正确答案的差异来评估模型的准确性，并反复迭代，直到获得足够好的模型。每次迭代，都基于具有某些模式或特征的数据构建和训练模型。

　　在深度学习中，处理数据的过程与机器学习类似，但深度学习的关键不同之处在于，它基于分层系统，通过**特征学习**(feature learning)或**特征工程**(feature engineering)提取和学习数据中的模式或特征。接下来的内容中，将详细介绍深度学习使用的各种算法，以及它们之间的差别。在深入了解不同类型的机器学习的同时，也可以了解构成 AI(机器学习和深度学习)的主要领域的各种模型的分类方式。出于营销的目的，对于深度学习算法，也会使用机器学习、深度学习/神经网络或者 AI 这个总括性概念表述。

　　产品经理需要理解这些术语在实践和模型层面上的实际意义及两者的区别，并且能够以通俗易懂的方式向非技术人员解释。产品经理的工作是在工程团队的构建内容和营销团队传达的信息之间建立联系。听到**黑匣子模型**(**black box model**)这个术语时，它指的是神经网络模型，即深度学习。原因是深度学习工程师通常无法确定其模型是如何得出某些结论的，从而导致模型的运作方式变得不透明。这种不透明性是双面的，既存在于工程师和技术人员本身，也存在于下游的客户和用户，他们在无法理解模型如何做出决策的情况下，明显感受到模型带来的影响。这正是因为深度学习神经网络模拟了人类思维方式中多层神经网络的结构。

　　对于产品经理来说，深度学习可解释性方面的问题在于我们几乎无法理解模型为何以及如何得出结论，而且根据产品的具体情境，可解释性的侧重点可能有所不同。另一个困难在于，这些模型本质上是自主学习的，不需要工程师选择最相关的特征数据；神经网络本身会进行特征选择。它几乎不需要工程师的干预就能学习。机器学习模型可以理解为"做什么"，而学习类型就是"怎么做"的。提醒一下，接下来将介绍的学习类型(无论是监督学习、无监督学习、半监督学习还是强化学习)适用于深度学习和传统机器学习模型。

1.3 节将介绍机器学习中的不同学习类型。

1.3　机器学习的学习类型

本节将介绍监督学习、无监督学习、半监督学习和强化学习之间的区别，以及如何应用这些学习类型。同样，学习类型主要与是否对数据进行标注以及模型奖励的方法有关。模型选型的最终目标是能够为产品提供所需要的性能和可解释性。

1.3.1　监督学习

如果数据是由人工标记的，并且机器也在试图正确地标注当前或未来的数据点，那么这就是监督学习。在监督学习中，我们知道正确答案，因此可以看到它们与正确答案的差距，并且我们不断地训练或重新训练模型，直到达到令人满意的准确度水平。

监督学习模型的应用包括：分类模型，例如像垃圾邮件过滤器一样对数据进行分类；回归模型，寻找变量之间的关系以预测未来事件和发现趋势。记住，所有模型都只能在一定程度上发挥作用，因此需要不断地训练和更新模型，而 AI 团队通常会使用集成建模或尝试各种模型并选择性能最佳的模型。无论采用哪种方式，模型都不是完美的。但只要通过足够的引导，它会逐渐接近你想要的效果。

以下是在生产过程中可能会使用的、常见的监督学习模型/算法。

- 朴素贝叶斯分类器(Naive Bayes Classifier)：该算法将数据集中的每个特征都作为其独立变量，从而试图在没有关于数据的任何假设的情况下通过概率找到关联性。它是最简单的算法之一，其简单性实际上正是使它在分类中如此成功的原因。它通常用于二进制值，例如尝试判断某个邮件是否为垃圾邮件。

- 支持向量机(Support Vector Machine，SVM)：该算法也主要用于分类问题，并将尝试将数据集分为两类，以便你可以使用它对数据进行分组，并尝试预测未来数据点将落在哪个分类中。如果没有看到数据之间的明显分组，则可以添加更多维度直到明显地看到分组。

- 线性回归模型(Linear Regression Models)：这种模型自 20 世纪 50 年代以来就存在了，是用于回归问题(如预测未来数据点)的最简单模型。它们基本上使用数据集中的一个或多个变量来预测因变量。该模型的线性部分试图找到最佳直线来拟合数据，这条直线是用来做预测的。在这里，同样看到相对简单的模型因其多功能性和可靠性而被广泛使用。

- 逻辑回归(Logistic Regression)：该模型的工作方式类似于线性回归，包含自变量和因变量，但它不是预测数值，而是预测未来的二元分类状态，例如某人未来是否可能贷款违约。

- 决策树(Decision Trees)：该算法既适用于预测分类变量，也适用于预测数值变量，因此可用于预测未来状态或未来价格等各种机器学习问题。由于这种独特的灵活性，决策树通常用于解决各种问题，这也是其受欢迎的原因之一。之所以称之为"树"，是因为其中的节点和分支结构就像树一样，它们可以起到流程图的作用。决策树通过学习过去数据流转状态来预测未来值。

- 随机森林(Random Forest)：该算法是在之前的决策树基础上构建的，也用于解决分类和数值问题。其工作方式是将数据集分成不同的随机样本集合，为每个样本集合创建决策树，然后对其预测取平均值或按多数表决(取决于你是将其用于分类还是数值预测)。随机森林的决策过程比较难理解，因此如果对可解释性没有特别要求，可以使用。

- **K 近邻算法(K-Nearest Neighbors，KNN)**：该算法专门处理分类和数值预测，因此它寻找未来状态并以组的形式提供结果。模型的工作原理是对数据进行分组，确定数据与其邻近组共享的特征，并根据这些邻近组为未来值提供最佳预测值，而组中数据点的数量由工程师/数据科学家设置。

现在已经介绍了监督学习，接下来介绍无监督学习。

1.3.2　无监督学习

在数据没有标记的情况下，使用机器对数据进行标记并查找尚未发现的模式，就是无监督学习。实际中，要么知道正确答案，要么不知道，这也是区分机器学习算法所属的学习类型的方法。可以想象，无监督学习模型的结果会让人有一定的疑虑，因为它可能找到的分类方式并不一定有用或准确。同时，无监督学习模型还需要大量的数据来训练，因为如果在小数据样本中找出模式，可能会极不准确。随着它训练的数据越来越多，其性能会改善，但再次强调，这里没有标准答案。

无监督学习模型的应用包括聚类和降维。聚类模型将数据分成不同的组别或类别。这种模型可以用于医学试验或药物研发等领域，通过寻找数据中的模式和关联，发现可能隐藏的信息。而降维则是简化数据集，去除对性能贡献较小的特征，从而将有用的信号与噪声区分开，使最重要的特征能够更好地提升性能。

以下是在生产过程中可能会使用的、常见的无监督学习模型/算法的列表。

- **K-means聚类**：这种算法将数据点分组在一起，以更好地看到模式(或簇)，但它也寻找最优的簇数量。这是一种无监督学习，因此模型寻找可以从中学习的模式，因为它没有从使用它的工程师那里得到任何信息(或监督)。此外，簇数量是一个超参数，你需要选择最佳的簇数量。

- **主成分分析(Principal Component Analysis，PCA)**：使用无监督学习处理大数据集的最大问题往往是有太多不相关的数据，以至于无法找到有意义的模式。这就是人们经常使用 PCA 的原因，因为它是一种很好的降维方法，可以在不丢失或不丢弃有用信息的情况下减少维度。这对于大规模数据集特别有用，例如在基因组测序或药物发现试验中寻找模式。

接下来，介绍半监督学习。

1.3.3　半监督学习

在理想的情况下，我们将拥有大规模的标记良好的数据集，用来创建最优模型，而不会出现过拟合的情况。过拟合(Overfitting)指的是创建和调整的模型对目前拥有的数据集过度贴合，即它在当前特定数据集上进行了过度优化，反而导致在未来不同的数据上表现不佳。这是数据科学中的常见问题。然而，在现实世界中，常常面临标记数据不足或完全没有足够数据的情况。这时，半监督学习就派上了用场。通过提供一些标记的数据集，并加入一些未标记的数据集，可以引导模型朝着正确的方向努力寻找模式。

半监督学习虽然无法像监督学习那样具有非常准确的结果，但为模型提供了一些有用的线索，帮助模型组织结果，使其更容易找到通向正确答案的路径。

假设你需要一个能够有效检测照片或语音中的模式的模型。你可以对其中一部分样本数据进行标记，然后观察随着未标记样本的增加性能如何变化。在半监督学习中，可以使用多个模型。这个过程类似监督学习，监督学习通过标记的数据集进行学习，以便准确知道它与正确答案的偏差。监督学习和半监督学习的主要区别在于，半监督学习要预测一部分新的未标记数据，然后基于标记数据检查其准确性。将未标记的新数据点添加到训练集中，可以使模型在已经正确识别的数据上进一步训练。

最后，简要介绍一下强化学习。

1.3.4　强化学习

在机器学习中，有一种通过不断试错来学习的方法，称为强化学习(Reinforcement Learning)。强化学习从过去的经验中学习，并根据自身的表现不断调整策略，以达到最佳效果。强化学习可以类比为根据权重和奖励强化正确结果的一种系统。模型会尝试优化奖励，并随着时间的推移逐渐提升其性能。在实际应用中，强化学习在机器人领域得到广泛应用，例如训练机器人理解如何操作并适应现实中各种不可预测的情况。

现在，已经讨论并了解了不同类型的机器学习类型，接下来继续介绍机器学习过程的最佳流程。

1.4　流程顺序：最佳流程及其过程

与犹豫不决的竞争对手相比，致力于通过 AI 和机器学习创造价值的公司可以获得很多收益。麦肯锡全球研究所预测："到 2025年，完全将 AI 纳入价值创造工作流程中的公司，现金流增长率将超过 120%，并主导 2030 年的全球经济。"但是，拥抱 AI 并将其应用于产品或企业内部是一项非常复杂、技术债务重、成本很高的任务。一旦确定了模型和应用场景，将 AI 真正应用到生产环境中会遇到种种困难，这是许多企业面临的挑战，尤其是对于那些本身并非科技行业但要拥抱 AI 的企业。实现流程运营、更新模型、保持数据的新鲜和清洁、组织实验、进行验证、进行测试和相应的存储等，都是复杂而关键的步骤。克服这些挑战，AI 才能成功应用到业务中。

整个流程存在着不同层次的复杂性，但基本组成部分相同。为了更好地理解整个过程，我们将按如下步骤介绍。一旦你完成基础工作，并确定最适合你的用例的模型和算法，就可以开始完善 AI 系统的管理流程了。

1.4.1　步骤 1：数据可用性和集中化

首先，需要一个中央存储位置，用来存储 AI/ML 模型和算法训练学习所需要的数据。根据你投入的数据库或所使用的现有系统，你可能需要一个 ETL 流水线和数据工程来处理数据，确保各层级的数据和元数据可供生产中的 AI/ML 模型使用，并从中获得有价值的洞察。

这相当于创建为 AI/ML 系统提供数据的流水线。

AI 依赖于数据，如果数据传输过程繁琐或缓慢，那么在后续的生产过程中就会遇到问题。选择合适的数据存储方式本身就有一定难度。随着规模的扩大，无法预知技术框架会如何演变，因此选择一种性价比高且可靠的解决方案本身就是一项挑战。我们曾在一家网络安全公司工作，随着客户数量的增加，我们注意到某些面向客户的仪表盘的加载速度明显变慢。其中一部分原因是客户数量的增加及元数据过多，超出了原本的数据流水线的承载能力。

1.4.2　步骤 2：持续维护

现在，你已经拥有了模型和算法，并选择了一个数据传输系统供它们使用。你需要持续维护这个系统。在 DevOps 中，这被称为持续集成(Continuous Integration，CI)/持续交付(Continuous Delivery，CD)。稍后将介绍 AI 运营(AI Operation，AIOps)的概念，但现在先介绍一些专门针对持续维护 AI 流水线的几个阶段。以下是持续维护过程的四个主要组成部分。

- 持续集成(CI)：测试、验证代码和组件、数据、数据模式和模型。

- 持续交付(CD)：持续将代码更改或更新传递给模型，一旦进行了更改，模型就可以部署到测试环境，然后进入生产环境，不需要中断。
- 持续训练(Continuous Training，CT)：前面提到了持续学习对于机器学习的重要性，而持续训练则使这个过程产品化。当数据源不断更新时，模型也自动进行训练学习，并不断从新数据中学习。
- 持续监控(Continuously Monitoring，CM)：持续监控 AI/ML 模型的运行情况非常重要，以确保没有出现严重问题。

如果你想负责任地管理 AI 项目，那就必须不断地对其进行改进和迭代。当迭代过程停滞不前时，模型和超参数会过时，数据也会陈旧，AI 将失去效果。性能是需要时刻关注的，因为性能不足是显而易见的问题，无论是面向客户还是内部使用。AI 也可能出错。例如，性能滞后或模型更新频率低可能导致人们失去工作、无法获得有竞争力的贷款利率，或者受到不公平的判决。模型维护不当，可能会导致一系列严重后果。

1.5　数据库基础：数据库、数据仓库、数据湖和湖仓

AI/ML 产品依赖于数据。其存储数据的方式和位置是一个重要的考虑因素，会影响 AI/ML 的性能。本节将介绍一些最常用的数据存储方式。选择最佳的存储、访问和训练数据的方式是一项专业的工作，但如果你从事 AI 产品管理，你最终需要了解构建 AI 产品的基本要素。简而言之，数据是 AI 的关键。

因为 AI 需要大量数据，所以数据库的选择是产品和业务的重要战略性决策。如果没有一个良好运作的数据存储系统，你会遇到许多问题，这些问题将影响模型性能，进而影响产品本身。作为产品经理，了解对于产品来说最具成本效益和性能驱动的解决方案，

并在各个方面找到平衡，将有助于产品的成功。当然，对于这些决策，主要依赖技术执行人员，但产品经理需要参与其中，因此需要有所了解。

现在，看一些为 AI/ML 产品存储数据的可选项。

1.5.1 数据库

根据组织的目标和预算，可以将数据以某种方式集中存储，如数据湖、数据库和数据仓库，甚至可能考虑一种新的选择——数据湖仓。如果你刚开始接触这个领域，可以将数据存储在关系型数据库中，以便轻松访问和查询数据。如果需求相对简单，那么关系型数据库是一个很好的选择。在使用关系型数据库时，需要遵循特定的模式(schema)，如果希望将这些数据与其他数据库中的数据合并，可能会遇到模式对齐的问题。

如果你的数据库主要用于查询数据、获取公司数据的特定子集以进行常规的趋势分析，那么关系型数据库可能足够了。如果你希望将来自业务不同领域的各种数据集合并，并且希望实现更高级的分析、仪表盘或 AI/ML 功能，则可以继续阅读以下内容。

1.5.2 数据仓库

如果你希望将数据汇总到一个地方进行集中管理，并且有大量结构化数据输入，那么数据仓库(data warehouse)更为合适。实际上，这是走向成熟的第一步，因为它能够快速整合各个业务部门的洞察和趋势。如果需要以不同方式利用 AI/ML，而不只是某种特定的方式，则数据仓库非常适合。

假设要基于现有产品在人力资源功能中添加 AI 功能。你可以利用客户数据为客户提供基于同行绩效表现的趋势或预测，并使用 AI/ML 为内部员工提供预测或优化。这两种用例都可以通过数据仓库实现。

然而，数据仓库的创建需要一些前期投资，包括制订计划和设计数据结构。此外，它们的投资成本较高，因为它们能够按需提供分析所需的数据，所以需要支付较高的成本来保持数据的即时可用性。根据内部用户的技术水平，你可以选择更便宜的选项，但对于大多数业务用户来说，他们更希望使用简单易懂的方式分析数据。无论采取哪种方式，数据仓库都能够为内部用户和利益相关团队创建仪表盘。

1.5.3　数据湖(和湖仓)

如果你有大量原始的、非结构化的数据，并且想要一个更高性价比的存储位置，可以考虑数据湖(data lake)。通过它，可以存储非结构化、半结构化及结构化数据，技术人员可以轻松访问这些数据。例如，数据科学家和机器学习工程师可以使用这些数据，因为他们可以创建自己的数据模型来实时转换和分析数据，但大多数公司并非如此。

如果你拥有大量的数据,而业务用户不需要立即使用这些数据,可以选择将数据存储在数据湖中，但不能完全用数据湖替代数据仓库或数据库。数据湖是一个"有备无患"的方案。如果你已经有一个庞大的历史数据湖，希望将来用于分析，则需要考虑另一种数据存储方式以便进行洞察。

你或许听过"湖仓"(lakehouse)这个术语。市面上有许多数据库、数据仓库和数据湖。"湖仓"是由 Databricks 公司提出的，它提供了类似于数据湖的功能，但又具备数据仓库的一些功能，即展示数据、使其对内部的非技术用户可用和可读取，并创建仪表盘。湖仓的最大优势在于可以预先存储数据并支付存储费用，然后可以在下游访问和操作数据。

1.5.4　数据流水线

无论使用何种技术维护和存储数据，都需要建立数据流水线，以确保数据的流动通畅，这样仪表盘可以按照业务需求同步更新，并确保数据按照所需要的方式流动。处理和传递数据也有多种方式。

可以批量处理(批处理)大量数据，定期移动数据，或者使用实时流水线，以便在数据生成后可以实时获取数据。如果想进行预测分析、报告生成，或者建立一个能够移动、处理和存储数据的系统，数据流水线或许已经足够了。然而，根据数据处理的任务和转换量的规模，你可能需要同时使用数据流水线和 ETL 流水线。

ETL 代表抽取(Extract)、转换(Transform)和加载(Load)，数据工程师可以为更高级的系统创建特定的流水线，例如将所有数据集中到一个地方，插入数据或更新数据增强，将数据与客户关系管理(Customer Relationship Management，CRM)工具连接，甚至在系统之间对数据进行转换和格式化。这是在使用数据仓库或数据库时不可或缺的步骤。只要使用数据湖，你就会拥有所需的所有元数据，按你喜欢的方式进行分析并获取洞察。在大多数情况下，如果正在构建 AI/ML 产品，你将与数据工程师合作，他将为数据流提供支持，确保产品正常运行，其中往往需要同时使用关系型数据库和数据仓库。实现 AI/ML 功能所需的分析大多由专门负责 ETL 流水线的数据工程师完成。

管理和维护这个系统也是数据工程师的工作，产品经理需要与数据工程师保持密切的合作关系。上述两种流水线方式之间的一个关键区别是，ETL 流水线通常是批量更新，而不是实时更新。例如，如果使用 ETL 流水线更新客户使用产品的日志信息，以提供关于客户的洞察，最佳方式是每天更新两次。然而，如果内部业务用户需要使用实时仪表盘以获得洞察，并且他们依赖这些数据进行日常决策，那么可能需要使用连续更新的数据流水线。

现在，了解了存储数据的不同可用选项以及如何选择适合业务的正确选项，接下来讨论如何进行项目管理。

1.6　项目管理：IaaS

在组织中创建一个 AI/ML 系统时，需要将其视为一个独立的生态系统,并持续维护。这就是 MLOps 和 AIOps 需要与 DevOps 团队密切合作的原因。越来越多的公司开始提供托管服务和基础设施即服务(Infrastructure-as-a-Service,IaaS)。行业也在发展,Determined AI 和 Google 等公司的 AI 平台流水线工具开始根据市场的需求提供解决方案。这样的需求背后的核心是,对于那些刚开始使用 AI 系统处理庞大任务的公司,减少它们的困惑,减轻其负担。

经过几十年的试错,DevOps 团队在大规模软件开发中越来越常见,MLOps 和 AIOps 也有类似的趋势。开发解决方案和将其投入运营是两个不同但需要合作的领域。对于 AI/ML 系统来说尤其如此。现在的趋势是 IaaS。这是一个重要的概念,因为刚接触 AI 的公司通常对 AI 所需要的成本、存储、计算能力和投资并不了解,特别是对于需要大量数据进行训练的深度学习 AI 项目,更缺乏了解。

目前,大多数公司才刚开始运行 AI/ML 程序,甚至没有专门的团队。像 MAANG(Meta、Amazon、Apple、Netflix、Google)这样的科技公司正在引领管理 AI/ML 的文化规范,但大多数需要拥抱 AI 的公司并非科技公司,并且在技术债务方面准备不充分,将给工程团队带来管理上的挑战。

如果为了推进 AI 计划而走捷径,会导致日后需要重构代码或者更改数据的存储和管理方式。因此,制定采用 AI 的策略和计划至关重要。IaaS 解决方案的出现可以帮助工程团队保持灵活性,以应对未来的变更需要。随着时间的推移,保持 AI 团队运行所需要的基础设施也会发生变化,使用 IaaS 提供商的优势在于可以运行所有项目,并且只需要支付 AI 开发人员实际使用数据进行模型训练的时间费用。

1.7 部署策略: 部署与应用模型

当选择了合适的模型(包括其性能和错误率),并且建立好产品和所选 AI 模型用例的基础设施时，就可以进入流程的最后一步：将代码部署到生产环境中。正如 1.6 节介绍的，在持续维护工作中，确保采用适合产品和组织的部署策略非常重要。同时，需要考虑重新训练模型和刷新训练数据的频率，以防止模型性能下降和数据漂移。此外，还需要一个系统来持续监控模型的性能。这个过程，不同的产品和业务会有所差异，特别是因为在重新训练期间系统需要一些停机时间。

部署是一个动态过程，由于模型主要用于对真实世界的数据进行预测，因此根据真实数据的变化，你需要或多或少地关注部署。例如，在为一家机器学习房地产科技公司工作期间，房地产数据由于疫情导致的移民数据和房价数据的快速变化而出现巨大偏差，我们几乎每天都在更新、重新训练和重新部署模型。如果模型未经检查，而且未经工程师或业务领导人在产品客户端上进行检验，我们可能无法发现模型基于非典型数据，从而做出明显错误的决策。

此外，还需要了解许多众所周知的部署策略。我们将在下面的内容中进行讨论。

1.7.1　影子部署策略

在影子部署策略中，同时部署一个新模型和一个已经存在的模型，新模型有新的特性。然而，新模型只是作为当前正在使用的模型的影子存在。新模型将与现有模型一样处理所有请求，但不会显示模型的结果。这种策略可在不中断实际生产中的模型的情况下，观察影子模型在相同的真实数据上是否表现更好。一旦确认新模型的性能更好，并且没有运行问题，它就将成为主导模型，并替换原始模型，完全部署在生产环境中。

1.7.2　A/B 测试模型部署策略

采用 A/B 测试模型部署策略，实际上是在同时运行两个略有不同的模型。两个模型具有不同的特性，这使它们在生产环境中的运行情况和性能也有差异。这两个模型同时设置，并通过优化性能提升转化率。可以将其看作一项实验，比较两个模型的结果，并且根据某种假设或期望来判断哪个模型的性能更好，然后进行验证。不过，模型之间的差异必须足够小，因为如果两个模型的特性差异太大，就无法确定什么因素起到了最重要的作用。

1.7.3   金丝雀部署策略

在金丝雀(canary)部署策略中，采用了渐进方式进行系统部署。具体而言，将用户分成不同的子群体，然后逐渐增加体验新模型部署的用户数量。这样做的好处是可以给不同用户群体设置缓冲时间，以观察他们对新模型的反应和使用情况。实质上，在发布到新批次之前，将不同用户分组作为测试者，以便逐步发现错误和修复可能存在的问题。这个过程较为缓慢，但会带来可观的回报，需要足够的耐心和勇气。

还有更多的策略可供选择，但要记住，选择什么策略取决于多个因素，包括产品的性质、客户/用户需求、预算限制、指标和性能监控、技术能力和知识、时间安排等。在部署之外，还需要帮助业务部门了解代码重构和分支操作的频率。

现在已经讨论了不同的部署策略，接下来看看在 AI 领域的成功案例。

1.8   AI 领域的成功案例：构建基础设施的成功案例

针对机器学习系统的复杂性，许多大型科技公司都专门建立了团队和平台，致力于构建、训练、部署和维护机器学习模型。以下是构建 AI /ML 程序时的几种选择。

- Databricks 的 MLflow——MLflow 是由 Databricks 公司开发的开源平台，旨在帮助企业管理机器学习的全生命周期。

它允许运行实验，并使用各种库、框架或语言。其主要优点包括实验跟踪(观察不同实验之间模型的表现)、模型管理(管理团队成员间的所有模型版本)和模型部署(快速查看部署情况)。

- Google 的 TensorFlow Extended(TFX)——这是 Google 公司基于 TensorFlow 开发的最新产品，是一个端到端的平台，用于部署生产级别的机器学习流水线。它允许团队内部和团队之间进行协作，并提供强大的功能，以支持可扩展、高性能的环境。

- Uber 的 Michelangelo——Uber 公司是一个很好的示例，它们自主研发了机器学习管理工具 Michelangelo，用于团队协作和模型部署。在使用 Michelangelo 之前，Uber 公司使用的是不同的编程语言、模型和算法，并且团队之间存在信息孤岛。在实施了 Michelangelo 后，成功地将不同技能和能力整合到一个系统中。它们需要一个可靠、可复制、标准化的流水线，以便大规模地创建、管理、预测和部署数据。

- Meta 的 FBLearner Flow——为管理其众多的 AI 项目，Meta 公司自己开发了该系统。由于机器学习是其产品的基础部分，因此 Meta 公司需要平台，该平台能够实现以下功能。
  - 实现的每个机器学习算法都能够在以后被其他人重复使用。
  - 每个工程师都能够编写可重复使用的训练流水线。
  - 使模型训练变得简单和自动化。
  - 每个人都能够轻松地检索过去的项目和实验。

实际上，Facebook 创建了易于使用的知识库和工作流程，以集中管理其所有的机器学习操作。

- Amazon 的 SageMaker——这是 Amazon 公司的一款产品，提供一套完全托管的基础设施工具和工作流程，以构建、训练和部署机器学习模型和程序。这个产品的理念是满足其客户的需求，提供低代码或无代码的 UI(User Interface，用户界面)，无论是机器学习工程师还是业务分析师都可以使用。如果你已经在使用 Amazon 的服务作为云基础设施，那么就可以方便地使用 SageMaker 的基础设施，以进一步自动化和标准化大规模的 AI/ ML 程序和操作。

- Airbnb 的 Bighead——为了实现其 AI/ML 组织之间的标准化和集中化，Airbnb 公司创建了自己的机器学习基础设施 Bighead。它们使用了一系列工具，如 Zipline、Redspot 和 DeepThought，来协调其机器学习平台，以达到与 Facebook 和 Uber 一样的目标：减少错误和差异，并最小化重复性的工作。

如上所述，有多个平台可以用于创建、训练和部署机器学习模型。最后，探讨一下 AI 的未来。

1.9 AI 的潜力：AI 的发展方向

那么，AI 实施将会带领我们走向何方？它对所有行业意味着什么？目前，AI 是一个受到地缘政治影响的行业，AI 技术的采用伴随着大量的责任、成本和机会。只要公司和产品经理意识到妥善管理 AI 项目所涉及的风险、成本和投资程度，将其视为一种探索，并将 AI/ML 应用于容易取得成果的项目，并在此基础上持续发展，那么投资于 AI 的人将会体验到 AI 的潜力。这个潜力源于可量化的预测和优化的能力。例如，Highmark 公司在 2019 年通过使用机器学习进行诈骗检测，节省了超过 2.6 亿美元；GE 公司通过预测性维护帮助客户节省了 16 亿美元；而 Amazon 公司通过其推荐引擎创造了 35%销售额。

当业务收入中有 1/3 来自 AI 算法时，AI 的重要性将毫无争议。不管对 AI/ML 投资多少，一定要通过适当的规划和战略来确保充分发挥其最大效果。同时，物色了解这个领域和潜在风险的人才，并选择适合的可扩展基础设施来减少系统重构的成本。

如果你负责监督这些项目，只要 AI/ML 项目能够直接影响成本节约或收入增长，你很有可能在职业生涯中获得成功。本章详细介绍了维护 AI 程序的许多方面以及潜在的障碍，因此有一个明智的策略，即从小规模着手，将 AI 应用于明确的业务目标，跟踪目标的实现，并展示其有效性。如果你能向最犹豫的高管清晰地传达 AI 的优势和潜力，就能更好地解释需要投入的时间、人力和基础设施费用所对应的价值。

这对于技术资源(数据科学家、数据工程师和机器学习工程师)与业务利益相关者也非常重要。了解你将使用的机器学习算法或者获得一些建议来更好地存储数据只是一个方面，如果你不能迭代项目，并积累对最佳实践的理解和直觉，就无法成为组织内的真正变革推动者。我们在项目中不断迭代学习，并在成功完成任务的过程中建立信心。作为产品经理，同样如此。

在前面的示例中，GE 公司帮助其客户节约了成本，Highmark 公司通过预测欺诈行为预防未来的瓶颈，Amazon 公司通过机器学习增加了收入。当我们还在思考 AI 的潜力以及它将带领我们走向何方时，这些示例表明 AI 是最新工业革命的核心。AI 不仅仅为公司带来好处，还对每个人都有好处。当然，利益的分配可能并不完全平等，因为投资 AI 的公司在投资这项技术，它们会优先追求最高的回报。但重要的是，消费者和企业都将从 AI 中获益。

1.10 本章小结

本章介绍了很多内容，其中许多概念将在后续章节进一步讨论。毫不夸张地说，基础设施对实现 AI/ML 至关重要，因为性能很大程度上取决于如何传递数据和管理部署。本章介绍了机器学习和深度学习的基本定义，以及它们所能应用的学习类型。本章还介绍了设置和维护 AI 流水线的基础知识，并提供了一些其他公司管理此类操作的示例。

　　构建利用 AI/ML 的产品是一项雄心勃勃的事业，作为本书的第 1 章，本章旨在为建立整个 AI 项目的过程提供足够的基础，以便在后续章节中能够在该过程的各个方面深入讨论，而不必在后期引入过多新概念。如果你感到不知所措，那意味着你正在理解构建 AI 所需要的规模。这是一件好事！在第 2 章，将深入具体地介绍本章提到的机器学习模型的使用和维护。

第2章

AI产品的模型开发和维护

本章将探讨模型开发的细节，从简单的线性回归模型到复杂的深度学习神经网络模型。本章会介绍各种可用的模型，以及维护这些模型需要的步骤，包括模型的开发、训练、部署和最终测试。这将为产品经理提供一个基本概述，使其了解工程和开发运维团队在支持产品时所涉及的端到端模型维护过程。

将任何新产品推向市场都需要做很多工作，如果你是产品经理，可能已经熟悉了新产品开发(New Product Development，NPD)过程或步骤集合。作为本章的前导部分，特别是针对那些不熟悉 NPD 过程的人，这里先对每个阶段进行总结。总的来说，本章将涵盖以下主题。

- 了解 NPD 的各个阶段
- 模型类型：从线性回归到神经网络
- 模型训练：为上线做准备
- 模型部署：研发结果交付
- 模型测试和故障排除
- 模型刷新：模型更新频率的伦理规范

2.1　了解 NPD 的各个阶段

本节将介绍与 AI/ML 产品相关的 NPD 循环的各个阶段。通过这些阶段，将深入了解从构思到推出产品的整个过程。这些阶段逐步展开。

- 发现阶段：需要进行头脑风暴，思考希望满足市场的需求，以及为什么需要 AI 满足该需求。
- 定义阶段：需要明确产品需求。
- 设计阶段：需要考虑产品的视觉和体验元素。
- 实施阶段：需要构建产品。
- 市场营销阶段：需要为广大受众精心准备营销信息。
- 培训阶段：需要对产品进行测试，确保它被按照预期的方式使用。
- 发布阶段：需要将产品发布给更广泛的受众，以获取反馈。

2.1.1　阶段 1：发现

在这个阶段，你正在酝酿创意，需要明确想要解决的特定问题。在机器学习产品的上下文中，这个阶段的关键是理解为什么要用机器学习解决这个特定问题。正如 Simon Sinek 在其畅销书 *Find Your Why* 中所说的，这个阶段是找到你的"Why"的时候。你要仔细思考问题的本质，并找出问题中最重要的部分，以便满足未满足的需求或者为未被满足的客户提供服务。

你需要收集关于客户面临的问题(需要解决的)的定性和定量反馈。在这里，最重要的是创新思维，去头脑风暴潜在的解决方案，然后进一步分析和探索(或者排除)某些方案。

2.1.2　阶段 2：定义

阶段 2 是定义最小可行产品(Minimal Viable Product，MVP)。在阶段 1，已经收集了关于问题和可能解决方案的反馈，现在需要将这些想法转化为具体的计划。所以，这一阶段就是从前期的发现阶段筛选出最可能解决客户最重要问题的方案。这个阶段需要对之前创造性的头脑风暴会议进行验证和分析，以便确认阶段 1 中的想法的可行性。本阶段需要创建产品版本的最少特性，这个版本需要能够解决客户的主要问题，或者验证假设。

对于模型来说，这也是定义衡量模型性能的指标的阶段，这些指标将标志着模型需要达到客户所接受的最低性能水平。但要记住，这仅仅针对 MVP 而言。思路就是，首先从 MVP 开始，然后通过迭代或产品开发过程逐步改进产品的性能，或者随着时间推移增加客户可能更喜欢或需要的特性。模型性能也是如此。通过与客户的深入合作逐渐改进产品、模型和模型的性能。

2.1.3　阶段 3：设计

在前两个阶段中，确定了要解决的问题，并提出了一些想法，然后定义了解决问题所需要的最少工作。现在，在设计阶段，需要实际构建 MVP，并使其形成雏形。这是寻找解决方案最重要的阶段。在本阶段，需要设计出产品与用户的交互方式，界面的外观，以及产品体验的呈现形态。对 AI 产品来说，还需要确定哪种模型最适合产品。

这一阶段涉及构建用户界面和用户体验的路线图。你需要邀请客户一起参与解决方案的设计，并为 AI 产品设定相关的性能指标和目标，以确保模型能够符合要求。将性能考虑融入设计过程，并与最终用户共同管理期望，这是明确概念并进行早期测试的好方法。

2.1.4　阶段 4：实施

实施阶段是将前三个阶段的想法和计划付诸实际可以最终测试的阶段。在这个阶段，需要将之前精心策划的一切进行具体化。可以说，这是作为产品经理的第一个冲刺，产品经理在这个阶段扮演着项目经理的角色，确保最终的研发成果符合设定的需求。

在这个阶段，产品经理需要与工程师、机器学习工程师、开发人员、用户界面/用户体验设计师和项目经理合作，共同创建 MVP，并满足客户和领导层的期望。MVP 版本应该按照产品经理所设计的方式来完成所承诺的功能。当 MVP 符合规划的标准时，意味着这个阶段取得了成功。

2.1.5 阶段 5：市场营销

市场营销是在上述阶段均已完成任务的背景下进行的，即使阶段 1 也与市场营销密切相关。了解客户的声音、需求和痛点对于正确传达信息至关重要。市场营销是将产品信息传递给广大市场群体的过程，之所以将其作为阶段 5，是因为在准备好正式的信息发布给现有和潜在的客户之前，需要先拥有一个可行的 MVP 供客户参考。

AI 市场竞争激烈，且企业面临着沟通的问题，AI 产品的市场营销需要特别注意。如果过多地宣传产品及其背后的模型，以展示其 AI 标志的价值，可能会泄露核心竞争力。如果介绍不足，可能会受到客户质疑，被认为夸大了解决方案的 AI 能力。目前大多数公司对 AI 产品都没有详尽的说明。这一阶段需要与所有利益相关者达成共识，确定如何向外界传达产品的 AI 能力。

2.1.6 阶段 6：培训

在阶段 6，需要培训用户并撰写产品说明文档，以便能够为 MVP 和整体产品的选择提供合理的理由。培训用户使用产品的同时，还需要管理他们对产品性能的期望。对于 AI/ML 产品来说，这尤为重要，因为 AI/ML 产品通常能够优化、排序、分类、推荐或预测未来的值，因此帮助用户了解何时可以信任或质疑某些结果非常重要。

这个过程在大多数情况下都是凭直觉的，因为对于 AI/ML 来说，我们无法预测或优化与实际结果的差距，直到未来的某个时间点。

因此，培训的一部分内容就是管理客户期望，告诉他们什么样的误差范围是正常的。这一阶段的目标是向其他人介绍产品，并指导他们如何与产品进行最佳交互。

2.1.7　阶段 7：发布

在这个最后的阶段，正式将产品推向市场。迄今为止，你已经与内部相关人员和团队充分沟通，并收到了客户的反馈，可能还与一两个客户合作，以帮助创建产品并将其推向市场。也许你已经进行了灰度发布，或者得到了其他测试者/用户的帮助，但最终的步骤是正式发布。最后一个阶段非常重要，回归到最初为产品性能和客户成功所设定的标准。我们需要问自己：产品的最终版本是否达到了最初与客户设定的指标？产品的性能是否符合客户的预期？制定的目标是否可实现？

现在，已经介绍了通常在新产品开发中遵循的流程，接下来将讨论在该开发周期中常用的模型。2.2 节将回顾实际生产中最常用的机器学习模型类型，以及这些模型的一些共同特点。

2.2　模型类型：从线性回归到神经网络

第 1 章介绍了一些在不同类型产品中经常遇到、使用和实施，用于不同目的的模型类型。下面列举一些在实际生产中常用的机器学习模型/算法。

- 朴素贝叶斯分类器(Naive Bayes Classifier)：这种算法"朴素地"将数据集中的每个特征都视为独立变量，通过概率的方式计算特征之间的关联性，而不需要对数据做任何假设。这是一种相对简单的算法，正是因为它的简单性，使它非常适合处理分类问题。通常用于二元分类，例如判断某些邮件是否为垃圾邮件。
- 支持向量机(Support Vector Machine，SVM)：这种算法也

广泛应用于分类问题，通过将数据集划分为两个类别，将数据分组并预测未来数据点在分界线上的位置。如果数据中没有明显的分组特征，那么 SVM 支持添加更多特征维度，以便进一步对数据进行分组。

- **线性回归(Linear Regression)**：这种模型在 20 世纪 50 年代就出现了，是用于回归问题的最简单模型之一，例如预测未来的数据点。它利用数据集中的一个或多个自变量预测因变量。模型的线性部分会构建最佳直线来拟合数据，从而实现预测。因为简单、灵活、可靠，线性回归模型获得广泛应用。

- **逻辑回归(Logistic Regression)**：这种模型与线性回归类似，也包括自变量和因变量，但它不是预测数值，而是预测未来状态的二元分类，例如判断某人的贷款未来是否可能违约。

- **决策树(Decision Trees)**：这种算法可以很好地处理分类和数值预测问题，因此被广泛应用于各种机器学习问题，例如预测未来的状态或价格。决策树常用于这些问题，这也是它受欢迎的原因之一。其节点和分支就像一棵树，因而得名。决策树通过学习过去数据流转状态，来预测未来值。

- **随机森林(Random Forest)**：这种算法是在决策树基础上发展而来，同样适用于分类和数值问题。其工作方式是将数据随机分成不同的"随机"样本集，并为每个样本集创建决策树，然后根据预测结果的平均值或多数投票进行预测(取决于是分类还是数值预测)。虽然随机森林的决策过程比较难理解，但如果对可解释性要求不高，它是一种不错的选择。

- **K-最近邻算法(K-Nearest Neighbors，KNN)**：这种算法主要用于分类和数值的预测。它根据相似性将数据点分组，并根据相邻的特征进行预测。工程师或数据科学家会设定每个数据分组中的数据点数量，在此基础上，模型通过对数据进行分组，确定相邻数据点之间的共享特征，来预测未来的结果。

- **K 均值聚类(K-Means Clustering)**：这种算法用于将数据点分组，以便更好地发现其中的模式或聚类。它会尝试找到最适合的聚类数量。这是一种无监督学习的方法，因此模型会自动寻找数据中的模式，而不需要工程师提供任何额外的信息或指导。此外，聚类的数量是一个重要参数，模型效果往往取决于聚类数量设定。

- **主成分分析(Principal Component Analysis，PCA)**：通常情况下，当处理非常大的数据集时，使用无监督机器学习会面临一个很大的问题，那就是存在太多不相关的数据，导致很难找到其中有意义的模式。PCA 是解决这类问题的一种常用方法，可以在不丢失或丢弃信息的情况下有效减少数据的维度。特别是在处理大规模数据集时，例如在基因组测序或药物发现试验中寻找模式，PCA 非常有效。

- **神经网络(Neural Networks)**：深度学习模型通常被统称为神经网络，因为它们模仿了人脑通过节点以及节点之间的连接层次化结构来进行信息处理的方式。虽然神经网络有多种不同的类型，各自具有其自身特点，但目前普遍认为，神经网络是构成深度学习模型的基础。

如果看到一个产品被标为 AI/ML 产品，那么它很可能使用这些模型中的一种或多种的组合。后面将详细介绍这些模型，这里先简单介绍一下在机器学习和 AI 中最常见的模型类型。现在深入了解一下这些模型如何进行训练并应用于生产。

2.3　模型训练：为上线做准备

本节将探讨收集数据、训练模型及调优超参数的标准流程，以实现所需要的性能和优化水平。在实施阶段(NPD过程的阶段 4)，我们追求的是在定义阶段(NPD 过程的阶段 2)所确定的最佳的性能水平目标。然后进入下一阶段的营销并精心整理产品信息，以传达使用产品时的效果。因此，在推向市场之前，实施阶段需要完成很多任务。

对于开发 AI/ML 产品来说，数据的可获取性至关重要。开始时，可能需要使用第三方数据，这些数据可以通过购买或从公开渠道获取。因此，最好可以与一些潜在客户合作。与可靠的客户合作非常重要，他们能够帮助你构建一个能够使用真实数据运行的产品，这对于最终推出适合市场的产品至关重要。你最不希望看到的是基于原始第三方数据集或免费数据集，然而这个产品对这些数据过拟合了，并且在处理从未见过的真实客户的数据时性能不佳。

训练过程中，数据的多样性非常重要。除了确保数据是真实的，还需要确保数据能够代表各种类型的用户。除非你的产品只面向特定的用户群体，否则需要使用尽可能多样化的数据训练模型，才能确保模型的性能和良好的使用体验。这个问题将在 2.6 节进一步讨论。

不断重新训练模型以提高性能的同时，迭代中超参数调优也非常重要。在定义阶段(NPD 过程中的阶段 2)的性能指标和基准，将指导机器学习工程师如何调优超参数。通常情况下，我们不知道针对某个具体应用场景什么模型架构最合适。因此，需要探索模型在各种数据集上的表现，并从中确定能够提供更好性能的超参数。

> **备注：**
>
> 在定义模型优化时经常使用超参数这个术语，因为"参数"指的是模型在训练数据中使用的边界，用于进行预测。而当涉及对模型及其功能进行调优时，通常使用超参数(hyperparameter)这个术语。

举例说明超参数的作用，例如线性模型中使用的特征程度、决策树模型中允许的最大深度、随机森林模型中的树数量，或者神经网络层中的神经元或层的数量。在所有这些情况下，都关注模型本身的外部设置，这些设置对于模型的性能产生重要影响。因此，能够了解模型性能并灵活调整的 AI/ML 工程师对于打造成功的产品至关重要。

为了帮助不熟悉 AI/ML 性能基础的产品经理理解如何评估不同模型的优劣，我们列举一些具体应用示例来比较不同的模型。下面是一些性能指标的示例，机器学习工程师在评估所使用的模型是否合适时需要关注这些指标。你会发现其中一些指标在前文列举的模型类型中也有所提及。

这种比较是通过一个个人项目进行的，该项目中所创建的模型用于预测以太币(一种加密货币)的价格。

首先选择一个简单的线性回归模型，称为普通最小二乘(Ordinary Least Squares，OLS)回归模型，通过它建立一个良好的基准，然后尝试其他模型类型。

OLS 回归模型的结果如图 2-1 所示。

```
The number of observations in training set is 723
The number of observations in test set is 181
R-squared of the model in the training set is: 0.8985831338240027
-----Test set statistics-----
R-squared of the model in the test set is: 0.8896944272555466
Mean absolute error of the prediction is: 42.39871596133024
Mean squared error of the prediction is: 7572.23276225187
Root mean squared error of the prediction is: 87.0185771100164
Mean absolute percentage error of the prediction is: 90.68081323695678
```

图 2-1　OLS 回归模型结果

在训练模型时，会自动生成一些指标。上面是一个完整指标集的示例，但为了进行比较，我们将重点关注图 2-1 中测试集内模型的 **R-squared** 指标，以比较不同模型之间的误差率。R-squared 指标也被称为决定系数(coefficient of determination)，在回归模型中经常使用，因为它能很好地评估数据与回归模型创建的拟合回归线之间的距离。对于之前使用的 OLS 回归模型，将训练数据按照 80/20 的比例划分后，其中 80%的数据用于训练，剩下的 20%用于测试。可以看到测试集的 R-squared 值为 0.889。

接下来，为使用基于树的模型与线性模型进行比较，采用随机森林模型进行测试。在这个随机森林示例中，设置了一个超参数，将交叉验证设置为 10 次，这样模型将进行 10 次训练，并计算这 10 次的平均分数作为最终得分。这个平均值是 0.963 的 R-squared，比前面 OLS 模型更高！随机森林模型的结果如图 2-2 所示。

```
cross_val_score(randomforest, X_test, Y_test, cv=10)

array([0.9491968 , 0.94922887, 0.97426398, 0.96202586, 0.97348678,
       0.99491192, 0.9764517 , 0.96363981, 0.96975411, 0.98030483])
```

```
import statistics

data = [0.96906062, 0.94844658, 0.94470685, 0.97056179, 0.97284841,
        0.98021631, 0.98151656, 0.95956996, 0.95165316, 0.94865387]

x = statistics.mean(data)
print(x)
```

```
0.962723411
```

图 2-2   随机森林模型的结果

最后，与 KNN 模型进行比较，该模型的得分为 0.994。在这个模型中，所选择的超参数是 6，这意味着要为每个分组寻找 6 个邻近数据。这个 KNN 模型表现出的性能最佳，因为理想情况是得到一个接近 1 的得分。我们必须谨记一点：虽然得分越接近 1 越好，但越接近 1，就越需要对模型保持警惕。KNN 模型的结果如图 2-3 所示。

太高的分数很可能意味着模型效果并不好；或者它在训练数据上性能良好，但在新的数据集上性能却不佳。这种现象称为过拟合(overfitting)，在数据科学和机器学习领域中是一个重要的讨论话题。其实，这是因为所有模型都存在缺陷，除非对选择的模型做了充分工作，否则不能轻易相信模型的结果。对于选择、训练和发布模型，一定要进行严格的监督。特别是，如果产品或服务需要收费，并试图赢得那些能够为产品背书的客户的信任，这一点尤为重要。作为 AI/ML 产品经理，需要不断追求更好的性能，不能满足刚开始的模型性能效果。

```
from sklearn import neighbors
from sklearn import neighbors
from numba import jit
import numpy
import matplotlib.pyplot as pyplot
import seaborn
from sklearn.datasets import make_regression
from sklearn.model_selection import train_test_split
from sklearn.neighbors import KNeighborsRegressor

# Build our model.
knn = neighbors.KNeighborsRegressor(n_neighbors=6)
knn.fit(X_train, Y_train)
knn.score(X_test, Y_test)
```

0.9946021733372774

图 2-3　KNN 模型结果

一旦使用全面、代表性的数据训练模型，并且经过足够的训练和调整，就可以得到所期望的(并向客户承诺的)性能，这时就可以继续向前迈进了！

介绍了一些关于模型维护的重要内容后，接下来讨论部署的具体情况。记住，从构思产品、选择产品中采用的合适模型，到对训练后的模型性能进行评估，这是一个完整的、协作的过程。模型训练完后，这种协作不会马上结束，反而会更加紧密。这是因为你需要考虑如何将这些模型精确地集成到产品的基础设施中，以便为客户提供服务。2.4 将详细讨论这个问题。

2.4　模型部署：交付研发结果

第 1 章讨论了生产过程中可用于管理 AI/ML 产品的部署策略。本节将从 DevOps 角度理解在训练环境及实际生产环境中使用和部署模型的有效方法。也许你正在使用 GitLab 之类的工具管理代码仓库的分支，用于在产品中应用 AI/ML 并进行实验。然而，一旦准备好更换或更新模型，在重新训练后，就需要定期将新模型推送到生产环境。这意味着你需要一个能够支持这种实验、重新训练和定期部署的流程。本节重点关注将一个成熟的机器学习模型投入生产环境以及供最终用户访问时需要考虑的问题。

AI/ML 产品是面向企业(B2B)还是面向消费者(B2C)，其部署的管理方式有所不同。对于 B2C 产品，需要分阶段进行更改，并使用第 1 章提到的部署策略管理产品更新的发布，更新模型对不同用户群体的覆盖情况。这就是 B2C 产品的本质：一个产品面向成千上万的个体消费者(甚至百万级别)，对于不同的用户来说，产品的意义和用途有所不同。对于 B2B 产品，通常需要在客户层面管理期望。每个客户对 AI/ML 产品的体验可能不同，由于训练模型所用的数据在不同的客户之间有所不同，因此产品所使用的模型也可能会改变。

另外，需要关注的问题是如何在客户群体中管理有关模型及共享训练数据的事宜。对于某些产品来说，使用所有数据训练模型没有问题。然而，有些公司对其数据的访问和使用非常严格。例如，只要这些数据不用于帮助其同行的其他客户提高性能，他们可能会同意提供历史数据来训练模型。

另一方面，有些客户可能希望使用所有数据来训练模型，以确保模型尽可能得到最佳性能。记住，机器学习模型性能通常依赖于数据的多少，数据越多，提供给模型学习的示例越多。这意味着，理论上来说，学习示例越多，模型整体性能就越好。在部署过程中，管理客户的期望以及其对数据共享的底线至关重要，因为这将决定模型的更新频率和部署方式。

在部署过程中，通常会有不同的团队负责不同的工作。数据科学家负责创建和研发模型，并进行训练；另一个团队负责验证模型和训练数据；还有一个工程师团队则负责将模型部署到生产环境。此外，你还可能有一个机器学习工程师团队，在整个过程中专注于不同方面的工作。

在准备部署模型之前，还需要一个团队对部署环境进行分析，原因如下：

- 选择最佳访问模型的方式(通常是通过 API 或用户界面/平台)。
- 了解模型被调用的频率。
- 确定模型运行所需要的 GPU/CPU 数量和内存大小。
- 确定如何持续地向模型传输数据。

尽管最终的解决方案是由专门的技术人员负责输出,但 AI/ML 产品经理需要谨记:在选择模型并制定部署策略时,需要考虑维持 AI/ML 算法在产品中持续运行所需要的时间、资金、精力和资源。

部署的最后一步是引导最终用户如何使用模型和理解其结果。 AI/ML 项目中,可解释性至关重要。特别是当产品被最终用户(无论是企业客户还是个人客户)使用和依赖时,需要考虑如何对潜在的困惑进行高效的沟通和解释。通过应用内提示或客户成功团队的培训,让最终用户学习使用 AI/ML 功能特性,从中获取所需要的数据,并正确理解输出结果,可以不断强化产品价值。这些都是部署管理的一部分工作。

2.5　模型测试和故障排除

在第 1 章中讨论了持续维护的概念,其中包括持续集成、持续交付、持续训练和持续监控。本节将进一步介绍如何持续地测试和解决与机器学习产品相关的问题,以确保产品正常运行。完成首次部署后,为了确保产品能够保持良好状态,需要进行持续训练和持续维护。

模型部署后,性能管理至关重要。这是一个高度迭代、不断持续的模型维护过程。与传统软件开发类似,你需要不断进行测试、排除故障和修复错误,以确保 AI/ML 产品的顺利运行。不同之处在于,你还需要检查模型性能和与模型相关的错误。

只有持续监控才能确保模型始终正常运行,并输出有效的结果。产品产生完全不准确的推荐或预测是无法让人接受的。试想一下,如果模型出现问题,而客户几周甚至几个月后才发现,这将对他们造成多么严重的影响。他们会质疑你的公司的诚信，即便他们曾相信你能够维护和更新他们所依赖的平台。甚至他们可能会取消与你的合同，将数据从你的数据库中移除，或者给你留下负面的评论，不再推荐其他潜在客户。

即使模型的各个方面都正常运行，你仍然需要持续监测模型的性能和输出结果。之前在训练部分讨论过的成功指标，也是需要定期记录并监测的指标，以确保模型的性能不会下降。除了 F 值或 R 平方等统计性能指标，你还需要注意准确率、召回率和精确率等指标。整个模型性能监测的过程应该是自动化的，当某些指标异常时(超过阈值)，会进行相应的提醒(以某种标志表示)，而不必手动检查。

我们不仅要监控模型本身，还要持续维护相关的代码和文档。这一点在许多公司中往往被忽视，他们通常只依赖在公司里工作时间最长的几个开发人员的经验知识。我们需要将所有的知识文档化，并养成定期进行文档更新的习惯。你可能会遇到诸多问题，例如产品缺乏足够的培训资料，或者现有的资源无法充分解释产品的功能；用于模型训练的数据源存在更新问题，或者一开始就没有正确连接；用户端出现问题，用户可能没有正确地使用产品的 AI/ML 功能。这些问题可能会频繁发生，因此组建专门致力于 AI/ML 产品执行的团队对于产品的成功非常关键。

随着时间的推移，每个模型都会出现一定程度的退化或漂移。例如，如果有新的数据输入，而这些数据清洗处理的方式与训练数据不同，那么模型性能就会受到数据不一致的影响。在评估性能时，数据的干净程度是一个重要的考虑因素，因为它可能会导致混乱，而这种变化的影响难以确定。

随着时间的推移，如果发现数据的报告和格式发生了变化，或者添加了在模型刚开始训练时并不存在的新字段或数据类别，那么模型结果就会出现差异。此外，如果市场发生了变化或用户的人口特征分布发生了变化，数据也会随之变化。如果发生了影响整个数据集的重大事件，也会对模型结果产生不利影响。由于大部分的训练数据可能不适用于新的情况,因此原来建立的基准也变得不可靠。

　　除了训练数据,还有一个需要关注的重要方面:概念漂移(concept drift),即客户对于正确预测的期望发生变化。在某些情境下,如优化垃圾邮件过滤器,你可能会发现某些新的策略使模型的输出需要重新调整,以适应垃圾邮件针对过滤器的规避策略的新趋势。唯一不变的就是变化本身,外部世界是广阔而不可预测的。任何来自外部因素的变化都可能导致各种类型的概念漂移,需要对其进行调整,重新部署模型,以适应不断变化的环境。

　　持续监控和测试是许多公司使用企业级数据科学平台跟踪模型部署的重要原因。对于预算充足的公司尤其如此。如果你与许多客户以及内部和外部应用程序一起使用 AI/ML 模型,你会有许多模型的复用(reuse)用例。对于大规模管理模型,使用这些平台提供的项目跟踪功能将大有裨益。

　　本节介绍了在生产环境中使用模型时进行测试和故障排除的一些最重要的考虑因素,以及定期监测的重要性,定期监测不仅是为了监测模型的技术性能和稳定性,还能确保模型符合伦理规范。接下来,将更加关注在构建带有 AI/ML 组件的产品时的伦理考虑,以负责任地构建并借鉴行业最佳实践。

2.6　模型刷新: 模型更新频率的伦理规范

　　作为人类,我们使用复杂的大脑来做出不同选择,或判断某人是否可信,难以想象使用机器能够达到人类思维能力,哪怕是一小部分。大多数人在做选择、挑选和判断时,并不完全了解其背后的机制。然而,在机器学习领域,除了神经网络,我们需要理解某些决策和分类的基本机制。我们喜欢机器学习可以模拟人类的思考方式,并且我们可以运用批判性思维,来确保这个过程的结果尽可能没有偏见。

　　AI/ML 的强大之处在于可以自动化重复地处理枯燥乏味的任

务。我们往往使用算法替代内容审核员的工作，这样就不必每天在互联网上标记负面内容。然而，尽管机器学习模型具有出色的能力，但无法像我们一样进行推理。如果自动化系统存在偏见或随着时间推移而退化，一旦其部署方式会直接影响人类，在没有密切和定期的性能监测的情况下，它们有可能造成严重的影响。这种伤害可能大规模地发生在所有实际的 AI/ML 部署中，这也是伦理学家和未来学家夜不能寐的原因之一。

AI/ML 的部分危险在于其自动化过程。前面提到的概念漂移方式也会影响模型从训练数据中获取意义。即使 AI/ML 模型的性能和维护正常，也并不能保证模型判断不会出错，从而给最终用户或相关的人带来危害，无论他们实际上是否与模型交互。一个常见的示例就是普遍且不必要地使用人脸识别软件。

2022 年 2 月，美国总统拜登签署了两项法律，扩大了美国对 AI 的监管责任：《军事人工智能法(2021 年)》(Artifical Intelligence for the Military Act of 2021)和《AICT 法案(2021 年)》(AICT Act of 2021)。《财富》杂志的 Will Griffin 写道："虽然这项立法的监管程度远远不及欧盟模式的要求，也未满足 AI 伦理学界的期望，但它为深思熟虑和不可避免的 AI 伦理监管体系奠定了基础。"注意，不同地区的 AI 伦理和监管存在差异。无论是制定旨在约束 AI 不当行为的法规，还是对现有法律的执行力度，美国仍然落后于欧洲的标准。

从立法层面看，AI 是一个待开发的领域，而随着 AI 产品在未来十年内的不断扩展，AI 与人类之间的互动将取得进一步的突破。最近，美国在制定《人工智能权利法案》(AI Bill of Rights)的蓝图方面取得了一些进展，其中包括以下几个方面：

- 安全有效的系统
- 算法歧视保护
- 数据隐私通知和解释
- 人类替代方案、考虑因素和备选方案

目前，我们将介绍欧洲标准，以帮助 AI/ML 产品经理规范其对产品的思维方式。即使没有明确规定强制执行 AI 伦理的法律，企业家和技术人员仍面临风险，例如失去客户、遭到负面报道，甚至被起诉等，这都可能是在算法选择上所做的决策导致的。

欧洲委员会提出了以下四个关键领域的伦理原则。

- 尊重自主性："AI 系统不应该无故地剥夺、强制、欺骗、操纵、限制人类。相反，AI 应该具备增强、补充和赋予人类认知、社交和文化技能的能力。在人类和 AI 系统之间的人机交互，应遵循以人为中心的设计原则，并给予人类充分的选择权。"

- 预防伤害："AI 系统既不应该造成伤害，也不应该加重伤害，或以其他方式对人类产生不利影响。这意味着要保护人类的尊严与身心健康。"

- 公平性："尽管公平性见仁见智，但公平性既有实质性也有程序性。实质性意味着要确保利益和成本的平等和公正分配，确保个人和群体免受不公平的偏见、歧视和污名化。"

- 可解释性："让 AI 系统的运行过程透明化，AI 系统的能力和目的需要公开，应尽可能清楚地向直接和间接受影响的人解释决策依据。如果没有这些信息，决策就无法得到适当的质疑。对于模型生成特定输出或决策的原因(以及哪些输入因素的组合对此有贡献)，并非总能够解释清楚。这种情况被称为'黑盒子'算法，需要特别关注。"

> 引用：
>
> Bruschi D., Diomede N，"A framework for assessing AI ethics with applications to cybersecurity." AI Ethics (2022). https://doi.org/10.1007/s43681-022-00162-8

很多公司可能会有意识地在公司内设立一个 AI 伦理角色，并在未能达到某些标准时将问题归咎于这个角色。但选择这种方式来管理 AI 项目的伦理问题，是一种懒惰和不道德的做法。更好的方式是培训和树立参与 AI/ML 产品构建的所有人员的意识，让他们了解伦理问题及其潜在的危害，这样有助于更好地保护与产品相关联的客户或第三方。

在机器学习和 AI 领域，定期更新模型对于保持良好伦理非常重要。正如在本章前面讨论的，我们还需要关注那些不使用你的产品的人群，看看产品如何对他们产生影响。

AI 产品并非孤立存在。正如前文所述，许多因素都会影响 AI/ML 产品。为了应对不断输入和输出的数据所带来的自然混乱，必须时刻关注这些因素。如果模型对于不同类型的漂移有一种固有倾向，就需要关注伦理问题。根据 TechTarget 发布的播客 *Today I Learned* 中的一期节目，信用报告和分析供应商 FICO 进行了一项关于 AI 研发人员的调查，这些受访者直接负责构建和维护 AI 系统。结果让人惊讶：有 67% 的受访者没有监测其模型的准确性或漂移。这表明没有伦理监测的 AI/数据实践的现象已经非常严重。

本章强调了在模型维护过程中应该贯彻的AI 伦理实践。无论是作为产品完整性的一部分还是作为模型维护的一部分，如果 AI/ML 产品不会对他人造成伤害，就可以自信地推广产品，而不需要担心市场的追究或惩罚。每个企业家和技术人员对伦理商业实践都有各自的理解，但最终，如果产品给他人带来了伤害，产品经理作为产品的推动者、宣传者或领导者，则需要采取措施来告知客户潜在的风险。

2.7　本章小结

本章详细介绍了 AI 的 NPD 周期和常见的 AI/ML 模型类型，概述了如何对所选模型进行训练、部署和问题排查，为在实际应用中处理模型问题提供了参考基础。此外，本章还简要提及了一些最重要的伦理实践，结合目前最严格的标准规范，供构建带有 AI/ML 组件的产品时参考。

　　对于解决 AI/ML 的伦理问题，现在正是关键时候。时代的轮船正在一边航行一边构建，随着 AI/ML 产品越来越受到关注，立法者和活动家也在努力采取措施来限制不当的 AI 应用所造成的潜在危害。虽然尚未完全解决这些问题，但随着每一次新的进展，我们正在迈进一个不仅充分发挥 AI 潜力，而且限制 AI 所引起的问题的时代。

　　第 1 章介绍了本书的一些主要概念。本章进一步介绍了机器学习模型的维护、构建具有 AI/ML 组件的产品的过程。这两章旨在作为入门基础，以便在后续各章更深入地探讨相关概念。第 3 章将专注于将深度学习与更广泛的机器学习范畴分开，并讨论传统机器学习算法和深度学习神经网络之间的不同。

第3章

机器学习和深度学习深入剖析

　　身处 AI 时代，必须深入了解机器学习和深度学习的优缺点，才能在应用这些技术时做出最明智的决策。在与 AI/ML 工具相关的术语中，你可能还听说过应用人工智能(applied AI)或深度技术(deep tech)等词语。正如前文所提到的，大部分 AI 产品的基础技术是机器学习或深度学习。专家系统或基于规则的系统正在逐渐被机器学习所取代，或者根本没有进一步的发展空间。接下来，将更深入地了解这些技术，理解它们之间的区别。

　　本章将深入探索机器学习和深度学习之间的关系，以及它们给开发者和用户带来的期望、解释和启发。无论你使用的是传统机器学习模型，还是新兴的前沿模型，都需要理解它们的效果。不同的机器学习或深度学习应用对于产品会产生不同的影响。通常，带有 AI 标签的产品，都是基于机器学习或深度学习构建的。因此，本章希望你能够对这两个领域的差异有更清晰的理解，并了解这些差异对产品的具体影响。

在第 1 章，讨论了自 20 世纪 50 年代以来使用机器的概念，本章更详细地探讨机器学习和深度学习等人工神经网络(ANN)的发展历史，以便了解这些模型的发展。本章包括以下内容，以便更好地了解机器学习和深度学习的细微差别。

- 传统的 AI：机器学习
- 新兴的 AI：深度学习
- 新兴技术：相关的辅助技术
- 可解释性：伦理、注意事项和责任
- 准确性：为成功做准备

3.1　传统的 AI：机器学习

机器学习模型试图用数学的方式描述现实世界的规律，以帮助人们基于数据做出决策。本质上，它们通过数学和统计方法对未来的状态进行预测或分类。机器学习有两种不同的发展路径：一种是基于统计学模型不断发展的模型，另一种是模仿人类神经智能的模型。通常，它们被称为传统机器学习模型和深度学习模型。

2.2 节介绍的所有模型都可以视为机器学习模型，从线性回归到神经网络，并没有深入讨论 ANN(人工神经网络)。3.2.3 节将进一步讨论。本节重点介绍传统的统计机器学习模型，以便更好地了解机器学习模型的历史背景和应用广泛程度。简单回顾一下机器学习的流程，其过程包括数据获取、数据处理、数据整理和特征工程、模型运行和性能评估，以及根据需要进行调优。

在机器学习中，有一些被广泛使用且可靠的模型存在已久。线性回归模型可以追溯到 19 世纪末，其流行得益于英国数学家 Karl Pearson 和 Sir Francis Galton 的研究。他们的贡献奠定了线性回归成为如今最受欢迎的机器学习算法的基础。Karl Pearson 还在 1901 年发明了主成分分析(PCA)，这是一种无监督学习方法，可以减少数据集中的维度。

在 20 世纪 60 年代，出现了一种流行的机器学习方法：朴素贝叶斯分类器。其基础可以追溯到 18 世纪，英国统计学家 Thomas Bayes 及其条件概率理论。在 19 世纪中叶，比利时数学家 Pierre Francois Velhulst 引入了逻辑函数；1958 年，英国统计学家 David Cox 推广了逻辑回归模型。

支持向量机(SVM)是由前苏联数学家 Vladimir Vapnik 和 Alexey Chervonenis 于 1963 年在俄罗斯科学院控制科学研究所提出的。而第一个决策树分析算法也是在 1963 年由美国统计学家 James N. Morgan 和 John A. Sonquist 在密歇根大学发明的，并且被应用于他们的自动交互检测(Automatic Interaction Detection，AID)程序中，其灵感源于公元前 3 世纪由希腊哲学家 Porphyrian 提出的 Porphyrian tree(一种基于分类的树状图)。随机森林是由美国统计学家 Leo Breiman 于 2001 年在加州大学发明的，它由多个决策树的集合组成。

KNN 算法是一种简单的监督学习模型，可用于分类和回归问题。该算法在 1951 年由统计学家 Evelyn Fix 和 Joseph Lawson Hodges Jr.代表美国武装部队与伯克利大学合作进行技术分析报告时提出。K-means 聚类是一种无监督机器学习聚类方法，最初由加州大学洛杉矶分校的数学家 James MacQueen 于 1967 年首次提出。

如今机器学习模型中的许多常用算法其实都历史悠久。它们简洁、优雅，直到今天仍然具有重要意义。除了深度学习人工神经网络(DL ANN)，本章介绍的大部分模型在第 2 章都介绍过。下面将重点介绍深度学习。

3.2　新兴的 AI：深度学习

本书将机器学习和深度学习在概念上区分开来，主要是为了让读者的思维建立关联。对于大多数技术人员来说，在产品上看到"机器学习"和"深度学习"等描述词时，会联想到特定的模型和算法。提醒一下，深度学习是机器学习的一个子集。如果对这两个术语感到困惑，只需要记住深度学习是机器学习的一种衍生形式，已经发展形成自己生态系统。本章旨在尽可能揭开这个生态系统的神秘面纱，让产品经理能够理解深度学习产品中所涉及的核心。

深度学习的实现依赖于 ANN，这个概念受到了人类大脑的启发而设计。深度学习的很多生态系统灵感来自人类大脑中的"原始"神经网络。这种灵感不仅来自人脑的功能，特别是通过示例学习的概念，还来自它的结构。从人脑的功能及结构中获得了灵感，特别是通过示例学习的概念。

由于本书并不是针对深度学习工程师的技术书籍，因此不会深入涉及与深度学习相关的术语和数学知识。本书旨在对 ANN 提供一个基本概念，以帮助理解。在阅读本节内容时，记住神经网络由一层层堆叠的人工神经元或节点组成。通常，神经网络有三种类型的层次结构：

- 输入层(input layer)
- 隐藏层(hidden layer)
- 输出层(output layer)

虽然我们将介绍各种类型的 ANN，但是对于这些深度学习算法的工作原理，有一些基本的概念需要理解。可以把它想象成由层和节点组成的结构。简单来说，数据会通过每个层的每个节点进行传递，而每个节点和层之间还会传递权重和偏差。通过对训练数据的处理，ANN 会努力寻找最佳模式，以解决当前的问题。所谓深度学习算法，就是一个至少包含三层的 ANN，即输入层、输出层和至少一个隐藏层。以上就是关于层次结构的基本概念。

那么节点是什么呢？之前介绍过的最简单的一种模型就是线性回归模型。可以将每个节点视为一个微型线性回归模型，因为在 ANN 中，每个节点内部进行类似的计算过程。每个节点都有自己的数据，以及对应的权重和一个偏差或参数，用于计算输出结果。对所有这些节点的计算进行汇总，就是 ANN 的工作原理。想象一下，如果一个由数百个层组成的大规模网络，每个层内有许多节点，那么 ANN 为什么会得出某些结论就不那么抽象了。

　　深度学习常被称为黑盒技术，这正是其背后的核心原因。根据学过的数学知识，可以解释为什么在简单的线性回归模型中存在一定的错误率或损失函数。我们可以理解模型拟合曲线时出现错误的方式。但是，如果将节点规模扩大，并试图概念化数以亿计的节点，每个节点代表一个线性回归模型，其中的计算过程就难以理解了。

　　尽管深度学习被视为前沿的技术进步，但其发展其实早在很久以前就开始了。

3.2.1　隐藏的影响

　　了解对机器学习和深度学习产生影响的内在关系及其发展历史非常重要。这也有助于理解这些技术与生活的关系。对许多人来说，理解 AI 和机器学习的概念可能非常抽象，除非具有计算机相关的背景知识，否则这些主题本身可能会令人生畏。多数人最多只能对这项技术有初步了解，知道它是什么以及它是如何产生的。

　　希望更多人能够深入了解这项即将颠覆未来的产品和内部系统的核心技术，并从中有所收获。大多数真正了解机器学习和深度学习的人都有计算机科学背景，无论是通过正规教育还是参加编程训练营和其他技术培训项目。这也是一种趋势。这意味着在这个领域学习和创业的人大多是白人和男性。

　　从学术角度看，对这些技术的投资也在逐步增加。斯坦福大学的 AI 指数指出，在全球顶级大学中，AI 领域的研究生增长了 41.7%。而本科阶段的增长幅度更高，达 102.9%。过去十年中，AI 博士学位的人离开学术界，投身于薪资更高的私营企业，其比例增加了48%。十年前，仅有 14.2% 的计算机科学博士的研究方向是 AI 相关领域，而现在这个数字已经超过了 23%。特别是美国，它正在留住自己培养和吸引的人才。到美国攻读 AI 博士学位的外国学生有81.8% 选择留在美国。

　　如今，社会正急需 AI/ML 领域人才和技能。对 AI/ML 技能的需求非常大，尤其是对具有不同背景的 AI 技能的需求，使得拥有这些硬技能的人很难留在学术界，因为私营企业能够向他们支付丰厚的回报。在初创企业圈中，当一家公司有一位拥有 AI 博士学位的员工时，许多风险投资者和投资机构会更加放心地投资，无论其产品是否需要这种专业知识。对于拥有这些稀缺技能的人才，人力资源的需求会持续存在。

因为 AI 需要多样性的人才，业界迫切希望，具有不同背景和专业能力的人都能涌入 AI 领域，而我们面前的机遇也太重要了，不能故步自封，阻碍 AI 发展。重要的不仅是 AI 的开发者要理解底层技术以及它强大的应用，同样重要的是那些利用这项技术的业务相关人员也要了解可选的方案和功能。除此之外，没有什么是太复杂而难以解释的。

3.2.2　深度学习简史

1943 年，Warren S. McCulloch 和 Walter Pitts 发表了一篇名为"A logical calculus of the ideas immanent in nervous activity"的论文，通过创建一个基于人类大脑中神经网络的计算机模型，将数学与神经学联系了起来。他们运用一系列算法创建了一个"阈值"，以模拟如何在生物神经网络中传递信息。1958 年，Frank Rosenblatt 发表了一篇被认为是神经网络开山之作的论文，名为"The Perceptron: A perceiving and recognizing automaton"。综合来看，这是首个、也是最简单和最古老的 ANN。

20 世纪 60 年代，反向传播(backpropagation)的发展取得了重要进展。反向传播是指在数据集进行训练时，模型通过逐层地学习过去的错误来进行改进。这为神经网络的最终形成奠定了基础。当时最重要的研发进展是基于神经元网络和反向传播的原理，将启发式的数学模型与大脑的工作方式结合起来。这为 ANN 的学习过程打下了基础，使其能够通过迭代不断自我提升。

注意，许多 ANN 都是基于前馈(feedforward)方式工作，按顺序依次经过输入层、隐藏层和输出层，从输入到输出单向地传递信息。而反向传播的思想实际上使得 ANN 能够进行双向学习，以减小每个节点上的误差，从而提高性能。

直到 1986 年，David Rumelhart、Geoffrey Hinton 和 Ronald Williams 发表了一篇著名论文"Learning representations by back-propagating errors"，人们才真正开始意识到反向传播对深度学习成功中的重要作用。这个想法允许神经网络通过时间进行反向传播，不仅可以分配适当的权重，还可以训练具有隐藏层的神经网络，在当时引起了很大反响。

机器学习和神经网络的每次发展突破，其能力都振奋人心，但在 20 世纪 60 年代中期到 80 年代，出现了一个重要问题：缺乏数据和资金支持。这个时期就是所谓的"AI 寒冬"。尽管当时在建模方面取得了进展，但没有足够场景应用这些模型，因为研究团队没有能力或意愿去获取足够的数据来供这些模型训练使用。

1997 年，Sepp Hochreiter 和 Jürgen Schmidhuber 发表了一项具有开创性意义的论文"Long Short-Term Memory"，这项研究有效地使深度学习能够"解决以前循环网络算法从未解决的复杂的长时间滞后任务。"这个发展之所以如此重要，是因为它使序列的概念在深度学习问题中能够保持相关性。由于原先的神经网络涉及隐藏层，时间的概念很难保持相关性，这导致许多难以解决的问题。例如，传统的循环神经网络可能无法像长短期记忆网络(LSTM)那样，理解句子完成过程中的时间顺序，从而无法实现句子的自动补全。

如今，大多数深度学习模型训练需要大量的有监督数据集，也就是说，深度学习的神经网络需要学习大量的样例才能理解某物是狗还是马。然而，仔细思考一下，这种方式实际上与人类大脑工作方式不太相符。一个刚刚开始接触和学习世界的小孩可能仅需要提醒一两次狗和马的区别即可，而不需要成千上万次或数百万次。

深度学习正不断发展，对通过大量样例来学习的依赖越来越小。回想一下，前面学习了监督学习和无监督学习的技术，这对于深度学习非常重要。现在有大量的数据可供深度学习模型学习，与此同时，深度学习模型本身也在演化，可以在数据量不多的情况下进行训练，最终达到无监督学习的目标。

迄今为止，已经介绍了一些关于机器学习和深度学习领域的历史和影响因素。虽然并未深入讨论技术概念，但有助于理解机器学习和深度学习的发展历程，以及其重要性。接下来，将更深入地探讨在深度学习中常用的具体算法和神经网络类型。

3.2.3　神经网络的类型

本节介绍深度学习中使用的一些常见神经网络类型。根据前面的内容，有一些可能似曾相识，如果你希望成为深度学习产品的产品经理，了解这些概念很有帮助。即使目前尚未从事深度学习方面的工作，也应该了解一下，以备将来职业发展需要。

以下是深度学习中一些最常用的 ANN(人工神经网络)。

- 多层感知器(Multilayer Perceptron，MLP)
- 径向基函数网络(Radial Basis Function Network，RBFN)
- 卷积神经网络(Convolutional Neural Network，CNN)
- 循环神经网络(Recurrent Neural Network，RNN)
- 长短期记忆网络(Long Short-term Memory Network，LSTM)
- 生成对抗网络(Generative Adversarial Network，GAN)
- 自组织映射(Self-Organizing Map，SOM)
- 深度信念网络(Deep Belief Network，DBN)

下面介绍这些不同的神经网络，以了解它们的最佳应用方式。类似于第 2 章中介绍机器学习算法，这里将描述每种 ANN 的常见用例，以便初步了解每种神经网络的核心优势，并对以后构建产品有所启发。如果你致力于支持或构建自己的深度学习产品，这些内容将有助于你从整体进行了解。

1. 多层感知器(MLP)

1986 年，David Rumelhart、Geoffrey Hinton 和 Ronald Williams

发表了题为"Learning representations by back-propagating errors"的
论文，该论文使用反向传播算法训练 MLP，从而使 MLP 开始受到
关注。与循环神经网络(RNN)不同，MLP 是另一种前馈神经网络的
变种，其利用反向传播算法优化权重。因此，可以将 MLP 看作最
基本形式的 ANN 之一，因为它们是最早出现的，并且如今广泛应
用于处理一些新型 ANN 所需要的高计算能力场景。MLP 的易用性
和可靠性至今仍然很有用，这就是本节以 MLP 作为开篇的原因，
为后续其他深度学习算法的概念化奠定坚实的基础。

MLP 的学习方式是通过算法将数据从输入层和中间层传递到
输出层。然后，根据输出层的结果计算误差，以评估预测数值的准
确性。这就是反向传播的作用，通过感知错误的程度，反向传播误
差率。然后，它会通过调整网络中的权重进行优化，以减少误差，
并有效地更新参数。

模型训练可以多次执行上述步骤，直到性能符合要求为止。第
1 章介绍过监督学习和无监督学习的区别，MLP 使用反向传播通过
调整权重最小化误差率，MLP 是一种监督学习算法，因为 MLP 能
够根据标签数据准确地知道与正确答案的偏差程度。这些算法还经
常与其他 ANN 集成在一起，作为最后的精细调整步骤使用。

2. 径向基函数网络(RBFN)

1988 年，D.S. Broomhead 和 David Lowe 发表了一篇名为
"Multivariable Functional Interpolation and Adaptive Networks"的论
文，提出了 RBFN。在本章中，RBFN 不同于其他 ANN，因为 RBFN
只有三层。大多数 ANN，包括前面讨论的 MLP，都有一个输入层
和一个输出层，中间还有几个隐藏层，而 RBFN 只有一个隐藏层。
另一个关键区别是，RBFN 的输入层不参与计算，只是将数据传递
到隐藏层，所以这种 ANN 非常快速。这类深度学习算法是前馈模
型，因此它们在计算过程中实际上只经过两个层：隐藏层和输出层。

这类神经网络与在第 2 章讨论的 KNN 算法类似，KNN 算法旨
在通过周围的数据点预测目标数值。RBFN 也是如此，它通过计算

点之间的距离、半径或欧式距离来近似数值，并且会将数据点分成圆圈群组或球体群组，以更好地理解复杂的多变量数据集(类似第 1 章中的 K-means)。RBFN 是一种非常灵活的算法，可以用于在有监督和无监督情况下解决分类和回归问题。

3. 自组织映射(SOM)

SOM 是在 20 世纪 80 年代由 Tuevo Kohonen 提出的，是一种无监督的、竞争式学习的 ANN。SOM 将一个多变量数据集降维为一个二维的"地图"。每个节点将与其他节点竞争，以确定自己是否应该被激活，整个过程就像一个大规模的竞争，这就是它的自组织特性。然而，从结构上看，SOM 与大多数 ANN 非常不同。除了输入层外，SOM 只有一个层或节点，称为 Kohonen 层。这些节点之间的连接方式也不同于传统的 ANN。

SOM 的训练过程与大脑的能力相似，可以自组织和映射输入。当感知到某些输入时，大脑会将这些输入组织成适合我们看到、听到、感觉到、闻到或尝到的特定区域。SOM 会将数据点类似地聚类成不同的分组。这是在学习/训练过程实现的，算法通过输入层和权重发送数据，随机选择输入数据点对节点进行比较测试，直到选出与数据点距离最近的节点，然后更新节点的权重。这个过程重复进行，直到训练集完成并选出最佳节点。

SOM 和 K-means、RBFN 都属于聚类算法。它们都用于在未标记或未发现的数据集中寻找关系，以及进行分组。

4. 卷积神经网络(CNN)

CNN 有时也称为 ConvNets，是一种多层网络，常用于监督学习，如物体检测、图像处理，以及在医学和卫星图像中发现异常等。这种 ANN 的工作方式是：通过前向传播，从输入层开始，经过隐藏层，最终到达输出层，对图像进行分类。这种类型的 ANN 主要用于图像分类，因为它的最终目标是将图像归入不同的类别。CNN 会根据图像的相似性对图像分组，从而实现物体识别，如人脸、动物、植物或路标等。CNN 可以用于人脸识别、物体识别、自动驾驶汽车，也就是常说的计算机视觉应用。

在 CNN 中，有四个重要的层，它们分别是：

- 卷积层(Convolution Layer)
- 修正线性单元层(Rectified Linear Unit，ReLU)
- 池化层(Pooling Layer)
- 全连接层(Fully Connected Layer)

卷积层将图像转换为一个由 0 和 1 组成的像素值矩阵，然后进一步将该矩阵缩小为一个小矩阵，并保留与原始图像相关的信息。ReLU 层有效减少了传递给 CNN 的图像的维度。即使是彩色图像，也会在处理之初进行像素值为 0 和 1 的灰度转换。因此，在 ReLU 阶段，CNN 实际上会去除图像中的黑色像素，以便进一步缩小图像，并使模型更容易进行计算处理。此外，池化层可以通过另一种方式减小图像的维度。

ReLU 层是减小图像本身的梯度，而池化层则是减小图像的特征。因此，当给 CNN 传入一张猫的图像时，池化层将识别出各种特征，如耳朵、眼睛、鼻子和胡须等。你可以将卷积层、ReLU层和池化层看作对每个输入到模型的图像片段进行处理的步骤，并同时将这些步骤的输出作为输入传递到全连接层。全连接层实际上是通过神经网络本身对图像进行分类的关键部分。简而言之，卷积层、ReLU 层和池化层就是对图像进行预处理，使其能够通过神经网络得到最终的分类结果。

5. 循环神经网络(RNN)

传统的前馈神经网络在处理某些任务时表现较差，例如基于时间的连续数据处理、需要对多个输入(而不仅仅是当前输入)进行上下文关系处理，以及需要记忆之前输入的操作。因此，RNN 的主要优势在于，其内部的记忆能力使其能够执行并记住对话式 AI(如苹果的 Siri)所需要的鲁棒操作。RNN 非常注重上下文关系，在处理时序数据、DNA 和基因组数据、语音识别及语音转文字等任务上表现出色。RNN 与 CNN 的工作方式不同，CNN 通过前馈函数工作，RNN

则通过循环工作。

与输入层经过隐藏层最终到达输出层的传递方式不同，RNN 通过一个循环保持短期记忆。数据首先通过输入层，然后在隐藏层之间循环，并最终传递到输出层。注意，RNN 只有短期记忆，这就是需要 LSTM 网络的原因。下一部分会详细介绍。

实际上，RNN 有两个输入。第一个输入是最初经过神经网络的数据，第二个输入则是在处理过程中获取的信息和上下文。RNN 利用这个框架，有效地根据当前和之前的输入调整自身的权重，从而在循环过程中进行修正。这个过程被称为反向传播，通过回溯调整权重，以减小误差率。3.2.2 节提到过，反向传播是一个重大的进展，对深度学习的成功起到了关键作用。

RNN 实际上是一组不断进行重新训练和优化以提高准确性的神经网络，通过反向传播不断提高准确性，所以它也可以看作一种监督学习算法。由于 RNN 是一种鲁棒且强大的深度学习算法，因此可以应用于各种任务，包括给图像加标题和理解图像，预测时间序列问题，进行自然语言处理和机器翻译等。

6. 长短期记忆网络(LSTM)

LSTM 其实就是基础 RNN 的改进版，具有更强的记忆力。通常，LSTM 由多个 RNN 层连接在一起，能够保留在较长的时间间隔或周期内的输入信息。就像计算机一样，LSTM 可以写入、读取或删除其内存中的数据。因此，它能够逐渐学习哪些数据需要保留更长的时间。就像 RNN 不断调整权重以优化性能，LSTM 通过调整自身权重来确定所要存储或删除的数据的重要程度，以实现相同的效果。

LSTM 通过 LSTM 单元模拟人类随着时间丢弃不相关或琐碎信息的能力。LSTM 单元可以接收输入信息，选择性地忘记或完全排除某些信息，或者让信息通过并影响输出。这些分类被称为门控，它们是使 LSTM 能够通过反向传播进行学习的关键。

7. 生成对抗网络(GAN)

GAN 是广受欢迎的 ANN 类型，因为它们由两个神经网络相互对抗而组成，并由此得名。目标是竞争生成逼近真实世界数据的新数据。这样的生成能力使 GAN 常用于图像、视频和语音的生成。最初它们被用于无监督学习任务，因为其具有生成和自我调节的能力，但实际上它们也可以用于监督学习和增强学习。其中一个神经网络称为生成器，另一个称为判别器，它们在这个生成过程中相互竞争。

GAN 最早是在 2014 年由 Ian J. Goodfellow 等人发表的一篇突破性论文中提出的。该论文指出，GAN 同时训练两个模型：一个是生成模型 G，它学习数据特征分布；另一个是判别模型 D，它用来判断一个样本来自真实训练数据而不是生成模型 G 的概率。对于 G 的训练过程是为了将判别模型 D 的错误率最大化。"

> 引文：
>
> Goodfellow, I. J., Mirza, M., Xu, B., Ozair, S., Courville, A., & Bengio, Y. (2014). "Generative Adversarial Networks. arXiv." https://doi.org/10.48550/arXiv.1406.2661

可以将判别模型和生成模型看作同一枚硬币的两面。判别模型关注一类图像可能具有的特征，例如，在当前正在学习的所有狗的图像之间寻找关联。生成模型则从类别本身开始，推测该图像类别可能具有的特征。以太空小猫为例，生成模型会对输入的示例数据进行推断，并在创建图像时融入太空和小猫的元素。判别模型会根据自身的学习，对生成模型创建的图像进行判断，确保太空小猫类别中的任何图像都必须同时包含小猫和太空这两个特征。

另一种解释方式是：生成模型将标签映射到潜在特征上，而判别模型则将特征映射到标签上。关于 GAN 最有趣的地方是，它们通过一种类似图灵测试的方式判断自己表现的好坏。如何知道是否通过了测试呢？如果 GAN 能正确地将生成的图像识别为伪造图像，那么它是通过了还是未通过？实际上，这因人而异。如果生成模型把一个伪造的或生成的图像错误地标记为"真实"图像，说明生成模型很强大，因为其判别模型未能准确区分出来。但另一方面，这也说明判别模型需要更准确地进行辨别。这个过程其实挺玄妙的。

GAN 的运行过程可以分为几个步骤。首先，生成器神经网络接收数据并生成一张图像，然后将该图像与真实世界数据集中的其他图像一起送入判别模型。接着，判别模型会给每个图像打分，打分范围在 0 和 1 之间，其中 0 代表伪造图像，1 代表真实世界图像。此外，GAN 还使用反向传播，所以每当判别器做出错误判断时，GAN 都会从以前的错误中学习，调整权重，以提高准确性。

8. 深度信念网络(DBN)

DBN 也是多层结构，包括多个隐藏层，但是同一层的节点之间没有直接联系，而与其他层的节点相连。层与层之间有关联，但节点之间没有。DBN 是一种多层无监督学习的结构，其中每一层都是受限玻尔兹曼机(Restricted Boltzmann Machine，RBM)，RBM 本身也是一种 ANN 形式。这些 RBM 层被链接在一起，形成了 DBN。这种链接结构使得数据通过每个 RBM 的输入层时，DBN 会从前一层学习并提取特征。添加的 RBM 层越多，整个 DBN 的性能和训练效果就会越好。此外，每个 RBM 都是独立的，直到所有的 RBM 都训练完成后，DBN 的训练才算完成。

DBN 被称为生成型 ANN，因为每个 RBM 根据概率学习并获取数据点的潜在值。这种生成能力使 DBN 可以用于图像识别、动作数据捕捉或语音识别等任务。此外，由于每个 RBM 簇的操作相互独立，因此 DBN 在计算上也非常高效。与前馈型 ANN 不同，DBN 中的数据不需要在所有层之间传输，而是在每个簇中进行局部处理。

作为产品经理，不需要深入了解每种神经网络，因为当产品需要应用深度学习时，内部专家可以帮助你选择神经网络类型。不过了解常见的神经网络类型很有帮助，这样你就不会在面对决策时一脸茫然。3.3 节将介绍深度学习神经网络与其他新兴技术的交叉应用，以更好地了解深度学习的能力和影响。

3.3　新兴技术: 相关的辅助技术

　　机器学习和深度学习在很多应用中得到广泛应用,包括自然语言生成(Natural Language Generation,NLG)、自然语言理解(Natural Language Understanding,NLU)、语音识别、聊天机器人、虚拟人、虚拟助手、决策管理、流程自动化、文本分析、生物特征识别、网络安全、内容创作、图像和情感识别以及市场营销自动化等。对于产品经理,需要关注将 AI 渗透到生活和工作的方方面面。对于负责创新领域的产品经理,在构思和创建未来产品的新用例和 MVP 时,这一点尤为重要。

　　AI 在工作中将发挥越来越重要的作用,可以通过内部自动化以及采用基于 AI 的产品和应用程序来提升组织的工作效率。同时,无代码/低代码的 AI 产品应用,能够全面提升工作职能、技能和能力。增强现实(AR)、虚拟现实(VR)和元宇宙(metaverse)等新兴领域,让机器学习更多地了解现实世界,帮助我们了解自己,并构建全新的世界。我们还将看到机器学习应用于各种 AI 驱动的设备,如自动驾驶飞机、火车和汽车,以及生物特征识别、纳米技术和物联网设备,它们收集人体和设备的数据流,帮助我们优化安全、健康和能源的使用。

　　当然,除了机器学习和深度学习,还有其他形式的AI,以及一些辅助的新兴技术,它们通常会与本章介绍的技术一起使用。例如,波士顿动力公司的机器狗 Spot 使用机器学习进行训练,并更新其操作系统,以获得 AI 的功能,从而帮助它识别物体并理解这些物体的语义上下文。

　　AI,特别是深度学习,可能通过量子计算进一步更新。IBM 公开宣布了其量子计算机的规划和宏伟的目标,到 2023 年建造一个包含 1 000 个量子比特(qubits)的量子计算机。目前,IBM 公司最大的量子计算机已经包含 65 个量子比特。

　　量子计算可以很大程度地、低成本地解决存储和检索数据的问题，特别是大数据的处理。由于许多深度学习项目需要训练数周的时间，并需要访问大数据，因此量子计算的发展可以为深度学习领域带来突破性的影响。通过量子计算，深度学习算法在训练时需要的数据量更少，能够更快地处理更多的数据和运算。这使我们有更多机会理解模型得出结论的方式，并帮助我们克服深度学习中最大的难题：可解释性。

3.4　可解释性：伦理、注意事项和责任

在处理客户的数据和行为时，伦理和责任非常重要。如果开发的产品能够辅助人类做出决策，会有人质疑产品是如何得出结论的。批判性思维是人类思考的基石之一。基于深度学习的产品，往往难以应对这种质疑。我们要防止：产品对人们造成伤害、导致被起诉或对业务构成风险。

在应用机器学习或深度学习的过程中，如果存在对他人的潜在伤害或者明显影响到少数群体的偏见(如种族、性别或文化)，就需要重新思考产品方案。无论伤害是立即的还是后期的，都是机器学习的普遍问题：没有采取预防措施来确保输入算法的数据无偏，导致训练过程中将社会偏见引入 AI。

ANN 的工程师也无法深入了解并解释 ANN 如何做出决策。正如之前对深度学习算法的简介一样，ANN 结构是基于现有的机器学习算法进行构建并扩展的，因此难以解释这些网络是如何得出结论的。

这就是深度学习算法常被称为黑盒子的原因，因为它们无法展示背后工作逻辑的原理。由于 ANN 具有细致性和复杂性，因此深度学习是不透明的。记住，ANN 实际上只是微调各层神经元权重。它们本质上是通过数学和统计学寻找数据中的复杂模式，并对其权重进行优化。在多次训练迭代中，它们为每个数据点进行了数百次的微整。这个过程无法用语言描述。

即使不是深度学习工程师，也能够真正明白产品对其他人的影响。作为产品经理，如果不能清楚地解释深度学习在产品中的应用，或者不能证明深度学习产品不会对他人造成伤害，这大概是因为你没有深入到产品中。

深度学习还处于研究阶段，很多产品经理对于它的应用都持怀疑态度，这主要是因为其解释性问题。所以，产品经理在接触深度学习时要小心谨慎。有很多案例证明，机器学习也可能对人造成伤害，即使是简单的线性回归模型。在面对如此复杂且充满潜力的深度学习时，如果缺乏对同行的竞争意识和对客户的责任感，产品就只会增添更多混乱和伤害。

并非所有应用场景都需要如此谨慎。如果深度学习应用程序在癌症检测方面取得了重大突破，或者在机器人技术上有更好的表现，则没有理由阻碍进步。在使用深度学习时，要保持批判的态度。如果你的系统有效地运作，并且由于应用深度学习而变得更好，而且没有因为 ANN 的不透明性引发问题或担忧，那么一切都可以正常进行。

3.5　准确性：为成功做准备

在深度学习领域，主要关注它的性能。从性能的角度看，很多深度学习项目无法达到工程师期望的效果，所以管理期望非常重要。如果你还要管理领导团队的期望，这一点就更加重要了。如果你是产品经理或企业家，并且考虑在项目中应用深度学习，那么要怀着科学和好奇的精神，并且保持对期望的开放态度。

但请确保你为团队的成功做好准备。ANN 的性能很大程度上取决于在开始训练模型之前的数据准备工作。将数据传递到 ANN 是整个流程中的关键一步。如果没有验证数据或者数据质量很差，就得不到理想的结果。一旦你确信自己拥有足够的数据，并且确保经过清洗后的数据适合传递到 ANN 中，就开始进行训练。如果你追求最佳性能，可以尝试多种不同的模型或者多个模型的组合，并进行性能比较。

深度学习模型微调的时间非常长。如果你一直使用其他形式的机器学习，可能会惊讶于深度学习模型需要花几天甚至几周的时间来训练。这主要是因为训练 ANN 所需要的数据量非常庞大；通常至少需要 10 000 个数据点，并且所有这些数据都要通过多层节点传递并由 ANN 进行处理。ANN 通常由上述提到的几种类型的 ANN 组合而成，所以整个训练过程就会变得相当漫长。

ANN 的神经层结构非常复杂，并难以理解。我们无法得到确定的结果。即使做了所有"正确"的事情，并且获得了良好的性能，也无法知道为什么有效。不过，只需要知道它有效即可。同样，当出现问题或性能不佳时，往往也无法知道原因所在。你也不需要知道为什么。可能是 ANN 本身的问题，也可能是使用的方法有误，或者环境发生了变化。要改善性能，需要经过反复的迭代，然后又不断重复这个过程。

记住，ANN 是新兴技术算法。我们讨论的 ANN 大多来自 20 世纪 80 年代、90 年代和 21 世纪初，发展尚未成熟。我们需要时间来适应这些新技术并真正理解它们的效果。往往期望越高，失望越大。有些深度学习算法可以创造惊人的成果，展现巨大的潜力，但有些算法却容易失败。深度学习并非万能的解决方案，只是一种强大的工具，需要有专业知识和经验的人以正确的方式使用。

因此，如果你正在构建、管理或构思深度学习产品，请小心。如果有疑虑，可选择如第 1 章中介绍的其他更易解释的模型。安全是首要的。如果你有足够的时间、耐心、兴趣和好奇心，同时有一个安全、有趣的应用深度学习的想法，那么你可能处于很好的状态，可以尽情施展，创造出有价值的产品。

3.6　本章小结

在本章，深入研究了深度学习并了解一些对这个机器学习子领域产生重大社会和历史影响的因素。介绍了一些在使用深度学习的产品中最常用的 ANN，以熟悉在实际构建深度学习时可能需要的模型。最后，还介绍了一些辅助深度学习的其他新兴技术，并进一步探讨了一些对深度学习影响最大的概念：可解释性和准确性。

深度学习神经网络非常强大，与传统的机器学习模型相比，它们具有出色的性能，但存在可解释性问题。在本书的前三章中，主要介绍了 AI 产品管理的技术方面。基于这个基础，可以进一步了解这些技术的实际应用。

在第 4 章，将探索市场上一些主要的 AI 产品领域，以及对商业化最有贡献的伦理和成功因素的案例。

第*4*章

AI产品的商业化

现在正处于 AI 融合的时期，AI 在各个行业都有广泛的应用。在 AI 产品的管理工作中，通常依靠 AI 顾问和拥有博士学位的专家协助进行数据建模和策划，以支持全面的 AI 运营。然而，随着 AI 在企业和各种用例中的普及，我们不再强调学历和学术背景。应用 AI 首先要熟悉使用简单可靠的模型。专业化模型需要等待合适的时机和场合。数据科学和 AI 是比较宽泛的概念，但根据我作为产品经理的经验，真正需要的是数据和 AI 方面的通才，他们了解用例本身以及用例如何与业务视角关联起来。

在过去的 AI 时代，由于数据不像现在这么丰富，没有太多的用例可供选择。现在数据非常丰富，我们正经历重大变化。现在关注的不仅仅是研究和发现最先进的算法，而且要培养足够的人才来使用那些经过验证的、可靠的模型和算法。我们渴望 AI 民主化，让 AI 更容易获得，不仅仅局限于研究机构和大型科技公司，而是更加普及。

产品经理关于这个问题的理解，因人而异。有些产品经理认为，要创建最好的产品，就需要从AI的角度进行突破性研究。而另一些产品经理则认为，可以通过使用常见或存在已久的模型完成很多工作，如回归模型。

作为产品经理，应该致力于打造一款不仅在商业上成功，而且在整个行业中取得巨大成功的产品。那么，什么是行业上的巨大成功呢？如果本书能够帮助你将一款新颖且有用的产品推向市场，那么本书的核心目标就实现了。这也是一种成功。因此，本章将探索一些成功的 AI 产品管理案例，了解这种成功如何在各个领域(无论是预期中的还是意想不到的)对企业产生影响。

在本章，将通过不同的商业模式和产品视角，看一看一些 AI 公司的案例，包括 B2B 和 B2C 的示例。我们还将关注那些蓬勃发展的公司，无论是在未开发和未满足市场(蓝海)的，还是在饱和和竞争激烈的市场(红海)的。本章的目的是突出一些相关关键领域，在这些领域，企业将 AI 产品成功推向市场。

本章将包括以下主题。
- 成功的 B2B 产品案例
- 成功的 B2C 产品案例
- 蓝海产品案例
- 红海产品案例
- 差异化、颠覆性和主导性战略产品案例

4.1 成功的 B2B 产品案例

产品分类中首先要看的就是专业化领域。AI 会首先应用在能够营利并允许进行研究和优化的用例。由于 B2B 产品是为其他企业定制，由其他企业使用的，因此它们的用例完全面向商业领域。这影响到 B2B 产品从如何进行市场营销到如何购买、销售、使用和谈判的方方面面。许多 B2B 产品关注的是产品可以满足客户在多个层面的商业影响。这是了解 AI 应用的好方法。

随着 AI 公司的不断增加，各 AI 公司面临的一个挑战是需要数据进行训练。也就是说，随着数据和 AI 产品的扩展，要面对的一个伦理挑战是能够在提供大量数据时，不泄露能够识别个人身份的信息(即个人隐私信息，Private Personal Information，PPI)。英国的 AI 公司 Hazy 正是为其客户提供了这样的解决方案：利用所谓的合成数据获取洞察力、理解信号和共享数据。合成数据是模拟真实场景的数据，是在虚拟世界中创建的数据，但与真实世界的数据集统计分布相似。由于深度学习模型对数据需求量大，训练神经网络时更倾向于使用合成数据，因此 Hazy 很有潜力。该公司凭借仅有的 300 万美元资金取得了成功，并快速吸引了许多知名客户。

B2B 公司的成功，关键在于它能成就它所服务的企业。尽管我们正处于数据丰富的大数据时代，但机器学习和深度学习仍然需要大量的数据进行定期学习和重新训练。Hazy 公司在帮助企业解决数据可用性问题方面做得非常出色，从其客户群体的忠诚度就可以看出这一点。Hazy 公司能够维持这种忠诚度的另一个原因是，它使客户了解传统的匿名化或掩盖真实数据的方法对伦理和法律的影响。

B2B 市场中另一个成功的 AI 公司是加利福尼亚一家与游戏相关的公司，名为 GGWP。虽然自己不开发游戏，但该公司利用 AI 减少游戏文化中的负面因素，并为游戏公司提供一个仪表盘，让游戏公司从管理的角度了解用户的表现。随着游戏公司越来越重视游戏社区的安全和健康，它们将依靠 GGWP 这样的公司来确保所有用户都感到安全。内容管理一直是社交媒体公司和游戏公司都关注的问题，有一家 AI 公司在这个领域取得成功很值得高兴。

GGWP 是一个很积极的案例，展示了在特定领域中，利用 AI 对人类工作者的重要性。招聘人工审查员的最大问题是对人精神健康的影响。筛查有害的或暴力性语言并不是一个容易的任务，而且经常接触描绘图像或充满仇恨的内容，会影响人的身心健康。因此，在伦理层面上，使用 AI 帮助我们解决那些人类不愿意处理的问题，是非常有必要的。

B2B 领域是专业化的。在 B2B 领域向其他企业销售产品时，大多数企业都愿意遵循一套固定的程序，包括销售策略、预算批准、工作声明以及合同在领导层、采购部门和各利益相关团队之间的审批。由于大多数 B2B 产品关注降低成本、提高生产力或增加收入，因此参与者之间的互动更加有条理。专业化的精神是胜任和诚信，需要帮助客户应对遇到的各种情况。B2B 市场可以高效运转，B2B 产品也一样。B2B 公司自身也在寻求提高生产力、增加收入及降低成本的方法。

4.2　成功的 B2C 产品案例

本节介绍在 B2C 产品中，如何利用 AI 满足数十亿未被满足的消费者的潜在需求。B2C 产品是指个人消费者购买和使用的产品，而非企业购买和使用产品。在 B2C 产品中，需要满足众多个人的需求和偏好。B2C 公司更关注如何满足数百万人的共同需求。对于 B2C 公司来说，更深入地构思解决方案和调研广大群众未被满足的需求，能够更好地满足市场的需求。

毫无疑问，最受欢迎的 AI 消费者 APP 就是 TikTok(抖音)。TikTok 利用以下三种类型的 AI 优化用户体验。

- 使用计算机视觉跟踪视频中的图像。
- 使用自然语言处理的方式从声音和音频录音中学习。
- 提取字幕中的元数据，最有效地传递用户最感兴趣的内容。

TikTok 是一个社交媒体平台，对于个人使用体验来说，会面临一个问题，就是在追求有趣的内容时容易沉迷上瘾。使用该 APP 的 10 亿用户中，很多人也有同样的担忧。不过，就目前的 B2C 产品而言，难找到一个比这更好的案例。

现在，介绍另一个让人上瘾的 APP。它是一种更健康的上瘾：对知识的渴求！宾夕法尼亚的 Duolingo 公司利用深度学习技术，帮助人们以更高效、更专业的方式学习语言。这款有趣的个性化 APP 每月吸引超过 3 亿活跃用户，并提供 30 多种语言选项。Duolingo 的主要理念是陪伴用户学习，并根据用户即将忘记的程度帮用户重复练习单词。这种重复练习模仿了人类自然学习的方式，而 APP 中基于积分的游戏化设计，激励用户继续坚持每天学习 15 分钟。

　　Duolingo 公司并不是一开始就是 AI 公司。它成立于 2009 年，当它开始尝试个性化和 A/B 测试后，才开始尝试使用机器学习。在本书的后面，将讨论如何为现有的非 AI 产品添加 AI 功能。Duolingo 是一个成功的案例，通过 AI 方式实现了业务的转变。

　　B2C 产品能够捕捉到社会群体中的时代精神和各种不同的能量。这与市场是"看不见的手"这一观点相当契合。产品与市场的匹配概念比较模糊。市场就是人们想要的东西，我们都直接或间接地构成了市场，B2C 产品公司致力于满足市场的需求。世界逐渐全球化，人们对学习语言也充满兴趣。全球就业市场支持世界各地的人进行远程或本地工作，而在过去的 10～15 年里，出于好奇而移居或学习一门语言的想法也越来越普遍。

　　人们渴望表达自我，尤其是在共同经历 COVID-19 的期间。这时候，一个全球社交媒体 APP 应运而生，它能够帮助人们轻松创作内容。TikTok 和 Duolingo 以能够满足大众需求的方式，给数百万人带来了宽慰和便利。

　　B2C APP 的目标是迎合大众的集体需求。消费者与其他企业合作伙伴的需求不一样。用户购买和使用门槛较低。当向消费者销售产品时，只需要赢得一个方面的认可就足够了。如果要迎合所有人的需求，就会导致很难选择功能和优先级。试图迎合潜在千千万万种需求，这种想法是不切实际的。不过，如果能满足大众的情感需求，激发人们的兴趣和参与，则非常了不起。

4.3　蓝海产品案例

　　现在关注那些为产品探索新的领域或用途的企业。这些企业探索创造需求的新途径，以多种方式为自己创造市场需求。这就所谓的"蓝海"(blue ocean)，一个竞争尚未激烈、仍在形成中的市场，需要挖掘市场需求。相比之下，在"红海"(red ocean)中探索市场要容易得多，有很多可行的途径参考。因为红海市场已经存在一个繁荣的生态系统可供学习和借鉴。但是，蓝海产品必须为此努力奋斗。

在某种程度上，企业本身必须进行足够的研究和开发，以证明对这个正在构建的行业的追求是值得的。蓝海市场对早期参与者提出了很高的要求，他们需要创建思想领导力和传播力，以保持潜在竞争对手、投资者和客户的好奇心。

Bearing.ai 是一家新兴的初创公司。新冠疫情加剧了供应链危机，Bearing.ai 深度学习平台的理念广受欢迎，它不仅能够简化供应链路线，还致力于解决海上燃油消耗的问题。全球贸易体系主要依赖长距离物流运输商品，而劳动力成本和原材料供应问题使这个全球贸易体系更加低效。Bearing.ai 实现更高效的本地化系统来管理全球消费。

Bearing.ai 是一个典型的蓝海产品的案例，几乎没有竞争对手。在谷歌上几乎搜索不到深度学习的海上路线优化产品，这正是蓝海市场的核心。蓝海产品不需要与竞争对手争夺客户。蓝海市场的困境在于创造需求，证明产品的价值。为什么你的业务是有价值的？为什么人们需要你的产品？你需要打造一个令人信服的故事。这是一件困难的事情，但如果做得好，你可以选择自己的客户。目前，Bearing.ai 正处于封闭测试阶段，只有一些特定的客户能够使用。这也是蓝海市场的另一个优势：你可以创造一种独特环境，只有特定的人才能了解这个令人兴奋的新项目。

前面讨论过使用深度学习模型的伦理问题和可解释性的问题。这在很大程度上取决于产品的用例，并且是产品成功的重要问题。对于 Bearing.ai 来说，深度学习模型的优化目标是找到最佳路线，对于公司和客户来说，模型的准确性比可解释性更重要。只要它有效果，就可以了。在这种情况下，对于模型是如何得出某些结论的解释要求较少，因为他们的客户更关心路线是否合理、是否更高效，而不太关心模型内部是如何推导出结论的。但如果是约会网站或为租房者优化成本的房地产科技公司，情况可能会不同。

说到可解释性的 AI，第二个蓝海示例是 Fiddler.ai。现在关于机器学习的可解释性是非常热门的话题，出现了一些企业，帮助其他企业创造透明度和信任，以确保企业继续以负责任和合乎伦理的方式应用 AI。从事这项业务的企业并不多，Fiddler 可以帮助企业在模型的整个生命周期中遵循规定，并将模型融入产品。Fiddler 很好地证明了自己的价值：提出了企业中可能影响使用机器学习模型的环境创建的真实风险。Fiddler 还非常擅长宣传自己的产品。从世界经济论坛到福布斯、CB Insights 和 Gartner，Fiddler 得到了很多媒体的认可，Fiddler 以此在这个蓝海市场中树立了很好的声誉。

行业先驱往往是那些怀着好奇心踏入未知领域的人，他们因为其勇敢而获得回报。蓝海市场尤其难以驾驭，因为你需要创造对产品的需求，也就是开创市场。在蓝海市场中，只有具有坚定的信念和远见的人才能应对不确定性，很少有人能够长期坚持。他们的传播力、实践精神和使命感让他们脱颖而出。开辟的第一条道路自有其特殊的价值，所有后续的发展都源于这个基础。

在蓝海公司进行的推广活动中，竞争环境也很重要。处于一个蓝海市场时，竞争对手其实是你的朋友，因为他们的存在证明了你的产品和解决方案存在的合理性。竞争对手越多，你的企业的可信度就越高，也越有助于打造一个只有少数核心参与者的生态系统。在许多方面，先驱者在各个方向不断开辟和拓展新领域。

4.4 红海产品案例

红海市场是指竞争激烈、饱和和发展完善，但不太适合进入的市场。在这种环境下，已经形成很多竞争方式，你需要选择其中一种方式来生存和发展。虽然你仍然有机会创造新的东西，并采用多种策略来击败竞争对手，但你需要有敏锐的直觉来判断下一步的方向。在这种多样化且竞争激烈的生态系统中，最大的挑战是确定自己真正想要的方向，或者有哪些竞争对手真正在与你争夺业务份额。

Lacework 公司是一家加利福尼亚的云安全公司，在云安全领域表现出很大的潜力，并且已经获得了累计 19 亿美元的资金支持。在网络安全行业竞争异常激烈，新兴创业公司层出不穷，行业巨头也在不断收购有潜力的新创公司，竞争格局经常变化。Lacework 公司通过自己的研究实验室(https://www.lacework.com/labs/)利用新兴的机器学习用例，对新的威胁和攻击进行测试和训练，这使它们在竞争中保持了竞争力，并为投资者带来信心。现在，Lacework 公司已经进行了 D 轮融资，展现出持续发展的势头。

Lacework公司在AI的伦理标准和实践方面给我们的一个重要启示是，要持续进行模型优化和多样化训练数据的深入研究。它们的实验不仅能够持续更新其产品中的 AI 应用，还能够在产品对客户的网络安全问题做出决策时保持责任意识。Lacework 公司在客户群体中建立了信任，而在竞争激烈的市场中，信任是一个关键的成功因素。

红海市场的另一个典型案例是加利福尼亚的机器翻译公司 Lilt。本地化和翻译行业内部也存在着激烈的竞争，这个市场有很多提供翻译服务和技术的公司，而 Lilt 公司将二者结合在一起。首席执行官 Spence Green 表示：从 AI 的角度看，Lilt 公司的特别之处在于它是"世界上第一个也是唯一一个互动式、自学习的神经机器翻译系统"。Lilt 公司的创始人在谷歌翻译工作期间发现了机器翻译的不足，所以创办了 Lilt。Lilt 公司正在进行 C 轮融资，迄今已获得了超过 9000 万美元的资金。

在竞争激烈的市场中竞争需要很大的勇气。由于竞争对手众多，很容易分散注意力并感到疲惫。每个竞争对手都代表着产品增长的潜在发展方向。如果太专注，就难以把握其他机会。而那些试图面面俱到的公司，又会因为缺乏专注而遭受损失。产品经理和领导层需要共同努力，确保产品有一个清晰的愿景，整个企业都能达成共识并为此努力。红海市场中，无畏的精神是企业在竞争激烈的市场中成功的前提。这种无畏是一个企业在市场中不断面对众多对手所锻炼出的。你会不断完成各种细枝末节的任务，并最终使自己具有聚焦的视野。

4.5　差异化、颠覆性和主导性战略产品案例

现在，我们将注意力转向主要的市场战略，并了解一些有史以来最成功的案例。市场战略对产品团队的市场推广工作起着重要指导作用。会争夺那些选择太多或者选择太少的客户吗？会开发一个比竞争对手更好或更差的产品吗？这些问题在制订业务计划时似乎很清晰，但当公司开始运营并吸引客户后，可能就需要重新考量了。

创业中的一个重要的教训是：要敢于提出那些似乎已经融入公司使命和价值观的问题，即使看起来显而易见。在面对这些问题时，不要不情愿。如果有足够的好处，公司可以改变战略，但每一次改变都会带来潜在的风险。市场战略影响着从产品开发到销售的方方面面。对市场战略认识不够，会开发出不合适的产品。而对产品的沟通和销售不够清晰，会导致吸引不适合公司产品的客户。

图 4-1 来自 Wes Bush 的《产品驱动增长》(*Product Led Growth*)，它展示了公司在增长战略中可以选择的四个方向。

图 4-1 展示了一个战略四象限，市场营销战略被划分成不同方向，并突出了差异化、主导性、颠覆性战略之间的关键领域。每家公司都需要决定自己的市场推广战略，因为这将决定产品的销售方式、市场推广方式以及与目标客户沟通的话术与方式。

战略象限

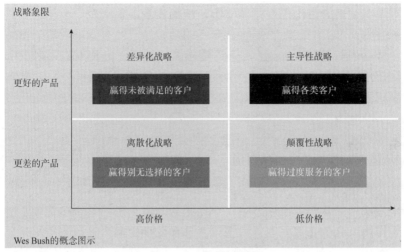

Wes Bush的概念图示

图 4-1　战略的四象限

接下来，将重点关注差异化、颠覆性和主导性战略，并介绍每种战略中使用 AI 推动增长的案例。

4.5.1　主导性战略

在主导性战略中，目标是赢得各类客户，包括：追求优质产品的客户，追求实惠价格的客户。这可以增加市场份额，这就是为什么这种战略被称为主导性战略，因为赢者通吃。以快时尚为例，这是一个竞争激烈的市场。作为快时尚零售商，不仅要提供更便宜的产品，还需要高效的运营来确保产品交付。典型的案例是 SHEIN。SHEIN 利用 AI 更好地预测市场上的新趋势和产品需求，结合供应链，以满足客户变化的需求，让客户满意。这对市场营销、应用体验和产品评价的效果非常显著。

以前，西班牙的快时尚公司 Zara，从设计到交付一套系列服装的周期最快需要三周。而 SHEIN 将这个时间缩减到了全新的最佳水平，只需要三天。这是对 AI 和机器学习的真正令人钦佩的运用。

主导性战略是指通过更好的产品和更低的成本击败竞争对手，

并争夺市场。这种战略的有效之处在于，它能够在以下两方面使效果最大化：能够吸引追求优质产品的客户，也能够吸引追求实惠价格的客户。这样便能赢得市场中的很大一块蛋糕。如果执行得当，采用这些战略的公司就可以轻松赚钱。

4.5.2　颠覆性战略

采用颠覆性战略的产品功能较少，但价格也较低。听起来好像没什么吸引力，但有不少客户其实只需要简单的功能，却因选择太多而眼花缭乱。在这方面，澳大利亚的 Canva 是一个很好的示例。在 Canva 中可以编辑照片，并生成社交媒体帖子或简历等各种内容，功能非常友好且简单易用。

Canva 平台利用 AI 为客户提供更多的模板和内容。虽然它的功能不如 Adobe 的 Photoshop 或微软的 Office 套件等丰富，但它提供了用户真正需要的功能，并且免费使用或者只需要付很低的费用。Canva 因为出色地满足用户的需求，迅速成为独角兽企业。

颠覆性战略最有意思的地方在于，通过不同的角度吸引潜在客户。颠覆性战略中，新的引领者的出现，改变了市场中原有的范式，激发竞争对手和客户尝试新的使用方式和产品。这种范式的改变为整个市场带来了全新的、专业化的体验。或许产品的质量不如以前好，但对于新的潜在客户来说，这是有益的。这个新群体可能是竞争对手没有发现的。

4.5.3　差异化战略

在差异化战略中，往往专注于销售某个细分市场的优质产品，但也因此，这种专业化可以定一个更高的价格。看一个差异化战略的案例——基于机器学习的英国房地产科技公司 Beekin。Beekin 不仅仅是一个价格实惠的房地产科技平台，还提供了其他房地产科技公司都无法媲美的新一代平台。Beekin 建立了一个机器学习原生平台，可以进行市场评估，预测未来发展，为租户提供最实惠的价格。

Beekin 在房地产科技领域独树一帜，因为在竞争市场上，除了 Beekin，客户只能选择那些使用过时规则引擎的房地产科技巨头，而 AI 正在颠覆房地产科技领域。

　　当能够清楚地传达产品的独特优势时，差异化战略就能发挥作用。因为产品价格较高，所以差异化必须有足够吸引人的理由。采用这种市场战略中，那些与竞争对手差异很大的独特产品可以发展壮大。就 Beekin 而言，当时没有竞争对手将机器学习作为产品的核心，Beekin 则帮助很多人处理相关事务。这是差异化产品的最大优势：满足特定细分市场的需求，并推动市场发展。差异化的需求是行业进步和成熟的动力。当客户出现更特殊、更紧迫的需求时，差异化产品就会出现，并表现得比竞争对手更专业化，满足客户的需求。

　　上述案例都值得致敬。将一个可行的产品与商业模式、产品战略和忠诚的客户群体结合，需要付出很多努力和汗水。这是真正的成就，这种成功值得高度赞扬。上述案例的成功非常值得学习。

　　可解释性是产品经理需要非常关注的。产品经理需要简单明了地解释 AI 产品是如何得出结论的，以及它的内部工作机制是怎样运作的。面对公众或涉及敏感话题，或者高知名度或大型企业客户时，对 AI 产品得出某些结论的依据及其内部运作机制的解释，将尤为重要。对于 AI 产品经理而言，这些都是需要深思熟虑的。

　　无论是你的研发团队是 AI 领域专家还是机器学习实习生，你都要知道：很多任务其实可以通过简单的模型完成。高级的算法和常用的简单模型都有利用价值，这主要取决于团队的情况和具体用例。

　　本章的目的是介绍近年来 AI 产品领域中有潜力的进展，通过不同商业模式的不同角度，展示 AI 的产品案例。通过这些案例，可以了解 AI 在不同商业模式中的产品理念、行为、伦理和应用的差异。对于产品经理来说，这对于产品管理非常重要。产品经理的任务是确保产品的商业成功,而了解 AI 与业务模式的关系,对于风险管理至关重要。

4.6 本章小结

本章介绍了一些近年来 AI 领域的成功案例,并从同行的成功和用例中得到启发。作为产品经理,了解市场推广策略、商业模式及市场形势非常重要。随着 AI 的普及,很多企业都在其产品和业务中应用了 AI 技术,希望这些案例对你有所帮,并方便阅读后续 AI 产品管理的内容。

在接下来的章节中,通过未来主义者的视角,了解 AI 领域的新趋势。每个产品经理都需要对未来主义具备一定程度的前瞻性思维。了解行业的最新动态并作为参照,有助于产品经理对现有战略进行评估。科技行业发展迅速,商业规划和未来目标也需要随时变化,如每周分析调整。

如果想将 AI 产品大大众化,需要仔细考虑未来的可能性,以影响领导力、资源和时间等因素。对于 AI 的发展,我们拭目以待。

第5章

AI转型及其对产品管理的影响

　　每当展望未来，想象着 AI 产品可能带来的变化时，我都感到非常兴奋和满怀希望，我相信 AI 能够帮助人类解决许多问题。我每月主持一个与 AI 女性创业者的交流活动 WAITalks。期间，我经常重复提出一些问题，例如，你是如何进入 AI 领域的，你对 AI 最感兴趣的是什么，以及介绍这些女性创业者所从事的 AI 领域。从 AI 研究、企业界到创业者，不同领域的女性 AI 从业者对这些问题的回答总是充满智慧和洞察力。

　　2022 年 3 月的一位演讲者曾在 Meta 公司从事 AI 政策工作。由于她的工作涉及伦理问题，因此我们讨论了很多 AI 带来的风险和问题。在谈了很多之后，我想知道她对 AI 有什么期待。我们经常听到关于 AI 的潜力，了解不同的人群对 AI 将如何帮助人类的看法总会有所启发。她的回答让我眼前一亮。她说，由于她的工作主要关注 AI 的法律、风险和偏见问题，很容易会让人悲观地看待 AI 和其对人类的影响。但实际上，她并不是如此。她比以往更相信，AI

将帮助人类解决许多问题，从癌症到气候变化，再到困扰、分裂我们的社会偏见。

本章中，将讨论 AI 变革的几个浪潮，并包括构思、建立 MVP(Minimal Viable Product)，以及如何利用 AI 造福大众和实现商业成功。5.1 节概括 AI 如何彻底改变经济系统，以及我们与财富和价值的关系。5.2 节探究商业层面上，AI 如何推动 MVP 的增长，以及在商品和服务层面上实现的各种整合方式。5.3 节聚焦 AI 在治理领域中的扩展，特别是结合公民数据和政府选择使用公民的数据。5.4 节将探索 AI 在医疗保健中的应用，5.5 节将提供一些关于 AI 如何造福人类，并满足人类基本需求的洞察。

我们将深入探讨这些宏观趋势，为有兴趣创建自己的产品的产品经理提供灵感，或者帮助希望在现有产品系列中进行扩展的人寻找机会。我们还会从产品经理的角度看待这些趋势，无论是负责产品、平台或系列产品的产品经理，还是负责业务领域或利益相关方团队的产品经理。产品经理的职责多种多样，接下来的各节将为各种产品经理提供路径和启发，帮助他们着眼未来，充分利用 AI 在组织中的作用。每个产品经理都能够影响业务、产品规划，以及有关组织发展的新想法。

产品经理是变革的推动者。无论级别如何，产品经理都有巨大的影响力。产品经理负责推动产品的商业成功和增长，并且领导业务发展，迎接新科技。明智地发挥职能作用，紧跟时代脉搏，保持敏锐，学习并不断提高个人影响力。

在本章中，包括以下主题。

- 财富和价值：AI 革新经济体系。
- 商品和服务：商业 MVP 的增长。
- 政府和自治：AI 塑造社会的边界和自由。
- 疾病和健康：AI 和纳米技术在医疗领域的应用。
- 基本需求：AI 向善。

5.1　财富和价值: AI 革新经济体系

　　AI 在金融科技和整个经济系统中扮演着重要角色。AI 与加密货币的兴起, 与金融行业运作方式的变革密不可分。智能合约对于推动加密货币和区块链的应用起到了关键作用。加密货币引起了金融行业和经济系统运作方式的根本性改变。

　　AI 和机器学习是这个领域强大的工具, AI/ML 的应用非常适合用于优化利润的用例。金融行业长期以来都是由量化分析师(或称为量化交易员)进行优化, 而量化分析师在大多情况下都利用统计和数学模型解决金融和风险建模问题。这个职业也被称为数据科学家, 被誉为 21 世纪最火、最赚钱的工作, 早在 2012 年被《哈佛商业评论》(*Harvard Business Review*)提出之前就已经广为人知。

　　在 AI 的推动下, 建模和风险最小化进入了高速发展阶段。由于从业人员众多, 金融行业引入 AI 技术的同时也带来了与人类工作岗位的竞争。以人类交易和算法交易为例。算法交易是一种能够编写一系列指令, 并综合考虑不同变量(如交易量、价格和时间)的程序化交易过程。与人类交易员相比, AI 或者算法能够更快地优化特定股票的购买, 并从过去的表现中快速学习。此外, 深度学习在这方面也发挥了重要作用。交易表现的输出可以作为进一步训练算法交易平台的输入, 这些系统可以比人类交易员更好地发现模式和识别机会。

　　当然, 在金融领域的 AI 其他用例, 也很有帮助。例如, 检测欺诈、优化会计处理、处理客户评价和评估风险等, 都是金融服务领域中通过 AI 得到改善的方面。未来还可以看到基于 AI 的大型投资。根据经济合作与发展组织(Organization for Economic Co-Operation and Development, OECD)2021 年的报告预测, 到 2024 年, 全球对 AI 的投资将超过 1100 亿美元。相比之下, 2020 年的投入只有这个预测值的一半左右。鉴于 COVID-19 的影响, AI 应用的趋势已经加速发展。

尽管人们担忧深度学习模型的黑盒特性，但在交易领域等以绩效为导向的场景中，这个问题显得不那么重要。而评估偏见并确保算法不会自主做出对不同群体产生不公平影响的决策，一直都是 AI 至关重要的问题，并且有专门的政府机构负责监管金融交易和市场规则的公平性。这些政府机构也在积极采用 AI 技术，以提升监管活动、监视和合规性的效率和速度。

AI/ML 的应用仍然存在一些限制，目前的建模仍然需要大量人工参与。美国证券交易委员会(Securities and Exchange Commission，SEC)经济与风险分析处(Division of Economic and Risk Analysis，DERA)的代理处长兼代理首席经济学家 Scott W. Bauguess 表示："机器学习进展迅速，并不断提高对市场潜在不当行为的监测能力，但将 AI 作为新的市场监管方式还为时尚早。科技还没有那么先进。目前最先进的机器学习技术能够以前所未有的方式模拟人类行为，但机器的高级推理仍然难以实现。"

从金融交易到股票交易，再到金融活动的监管，本节将介绍 AI 对整个行业的影响。我们需要思考，对产品而言，AI 的采用对价值、意义及货币等概念意味着什么。如果你在金融科技领域工作，并负责金融产品，则不仅需要关心 AI 将为客户带来的价值，还需要密切关注产品商业化的风险。本节的金融案例提醒我们，在构思用例和产品时，首要考虑的是能够提供价值。

无论 Web3 和区块链技术、传统银行，还是金融产品监管领域，都可以利用 AI/ML 的能力通过多种方式帮助用户。构思并探索满足市场需求的产品时，可以考虑以更快、更简便或更高效的方式帮助用户得出结论的产品。可以让客户增加盈利或降低成本；可以帮助客户预测未来的不确定性；可以为客户提供扩充财富甚至实现财务自由的途径；也可以利用 AI/ML 更好地了解客户需求，并提供个性化的服务。这些都是非常有价值的。

如果想利用 AI/ML 改进产品，就要考虑如何让最终用户和业务的收入和价值最大化。最好的方法是进行反向思考，即从产品的最终结果开始，逆向推导构建一个符合该结果的解决方案。在构思过程中，发散思维也是一种很好的方法。无论产品是用于预测、优化还是为用户提供个性化体验，尝试想象在其他情景和用例中，产品能给用户带来什么帮助。不妨尝试以最能影响用户的方式进行构思，并进行实验验证，以便最显著地看到 AI/ML 的价值。

一旦有了好的想法，就可以开始测试了。你可以构建 MVP，以一种能够传达价值并与目标市场整体利益相契合的方式验证这些想法，进而进行商业化。5.2 节将详细探讨这点。

5.2　商品和服务：商业 MVP 的增长

AI/ML 给人类带来了巨大的创造力。5.1 节从金融和商业领域入手，用户的目标都是赚钱，这也是自由市场的核心。而产品经理本身也是商业角色，帮助企业盈利。现在简要探讨一下 AI 商业化，包括各个行业和领域中出现的 AI 用例。在各种商业领域中运用 AI/ML 有许多创新的方式，本书主要介绍其中一些有潜力的关键 MVP 案例。

AI 应用现在正处于灵感迸发的阶段，所有产品经理应当紧跟 AI/ML 产品中最新的发展和动态。现在是创业的黄金时代，这一点在初创企业中尤为重要。所有年龄的技术人员，都应该庆幸能够置身于大数据和 AI 的时代。正如前文提到的，AI 的早期阶段以研究为主，缺少数据支持。现在数据非常充足，加上对模型和语言的深入理解，我们可以充分应用 AI，以发挥我们的创造力！

简要介绍一下 AI 在个性化和创意方面的应用。在伦敦有一家 IntelligentX 啤酒公司，运用强化学习技术了解顾客的口味，并酿造出世界上第一款由 AI 制作的啤酒。IBM 的"厨师沃森"(Chef Watson) 可以根据冰箱里的食材为用户设计食谱。它们能够用冰箱里的腌黄瓜汁、蛋黄酱和剩饭，烹制出一顿美味佳肴，让用户大饱口福。

还有一些别开生面的创意。有一家名为 Symrise 的公司利用 AI

技术设计香水。一些视觉 AI 初创公司，如 CamFindApp，能通过用户拍摄的照片帮助用户找到想要购买的商品。还有极具个性化体验的产品 Replika，它是能够深入了解用户内心和"关心"用户的 AI 伙伴和朋友。

现在，介绍人类独有的话题：AI 创作艺术。这是一个值得深思的哲学问题。当艺术作品不再来自一个饱受折磨的艺术家的灵魂时，是否还可以将其视为艺术呢？相信，在不久的将来，我们会看到答案。

"Sunset Memory

by Poetry Potty

One in clothes

She wears destruction

As a female

It compounds daily

Confusion

That is impossible to deny "

这首诗是通过神经网络由一个名为 CuratedAI 的机器创作的，是一个文学杂志(http://curatedai.com/poetry/she-wears-destruction/)的作品。假如你不知道这由机器创作的，是否会对它的艺术性产生怀疑？其实，究竟是谁创作的并不重要。撇开哲学辩论不谈，我们不得不提到 GPT-3，这是目前最强大的语言模型，由 OpenAI 于 2020 年发布。最近，OpenAI 推出了 ChatGPT，并开发出 GPT-4。ChatGPT 成为最新的热门话题，以致涌现许多利用 ChatGPT 的新创企业。OpenAI 目前的估值达到了 290 亿美元，并且其 ChatGPT 的功能整合到微软的必应(Bing)搜索引擎中，与谷歌展开了搜索引擎之争。

新的语言模型不断涌现，为诗歌和写作等创造性的应用提供更多可能性。还有一点需要注意的是，AI 具备令人信服的能力。作为技术人员、产品经理和消费者，这些强大的语言模型提供了人机互动的能力，而且这种交互不再像以往在与机器打交道那样生硬。随着 AI 应用的社交化，这些新语言模型和功能的使用将更普遍。AI 模型生成长篇文本的能力非常强大。随着语言模型的不断改进，将改变人类与各种技术互动的方式，因为它们使我们更容易与技术互动。如果可以选择用自然语言与技术沟通，人们肯定会乐于接受。

在艺术创作方面，现在有很多使用 AI 创作新音乐的应用，如 SOUNDRAW、Jukebox 和 Boomy；还有可以生成歌词的应用，如 Audoir。此外，还可以探索 AI 如何改变电影制作，如优化排期、宣传推广、成功预测、剪辑甚至制作等。未来，几乎所有创意行业都离不开 AI，这也引发了让 AI 与人类艺术家共存的重要性问题。是否会因为 AI 艺术的盛行，以至于人类艺术家被冷落？人类艺术家是否会将 AI 融入艺术创作？消费者是否会更加珍视人类创作的艺术，并为此支付更高的费用？答案有待揭晓。

所有这些产品的初衷都是为消费者带来丰富多彩的生活体验，而产品团队则基于这样的理念构建 MVP。MVP 应该尽快上市，以收集用户的反馈，了解他们对产品的反馈和使用情况，并不断迭代完善产品。在本节相关案例的公司通过构建并验证了 MVP，发现目标市场用户非常感兴趣，很好奇，以至于上述领域出现了很多竞争产品。构建一个能够快速验证和改进的 MVP，不仅有助于推动业务发展，还能创造更大的市场，吸引更多的竞争对手。

MVP 可以作为早期指引，用于判断是否拥有正确的理念、市场和目标客户群体。MVP 有助于快速而有效地平衡客户需求和商业成功。这也被称为产品市场契合度。然而，应用于政府部门时，情况会有所不同。5.3 节将深入探讨这个问题。

5.3　政府和自治：AI 塑造社会的边界和自由

数据和 AI 的广泛应用为我们带来了巨大的机遇，同时也暴露出威权和压迫的风险，以及对全球民主构成的威胁等问题。当前，根据一套共同的社会价值观体系，实施的权力和保护却截然不同，这导致了一些突出的矛盾。在本节中，将探讨 AI 在政府层面的应用，以及对民众的影响。

政府对保护国家生态系统和应对气候变化越来越重视，为此也需要相应的投资。私营企业能力有限，人们希望政府能够更好地造福公民。以美国投票问题为例，过去几次总统选举中，这个问题经常成为头条新闻。像微软这样的公司正在开发电子投票系统，例如 ElectionGuard，作为其维护民主计划(Defending Democracy Program)的一部分，旨在确保未来的投票过程安全、可靠且可验证。

AI 在政策制定中也扮演着重要角色。在立法过程中的某些阶段，可以利用 AI 和大数据来促进制定过程。可以看到，在立法和政策层面上，AI 有很多有用的应用场景。例如，它可以挖掘选民最关心的议题，进行详细的分析和预测，提供支持研究结果所需要的数据，评估政策执行情况并提供诊断反馈，还可以评估政策的最终效果，在这些方面，AI 有很多优势。如果政府选择与私营企业合作或者投资开发自己的 AI 应用来制定政策，我们很有可能会看到民主进程的新发展。

在更广泛的社会层面上，可以看到 AI 的一些可能会持续到将来的新颖应用。

政策会对不同的人群产生交叉影响，AI 可以帮助政府解决偏见问题。例如，普华永道(PwC)正在利用其产品"偏见分析器"(Bias Analyzer)应对这一问题。使用 AI 时，算法中的偏见问题是典型的伦理问题。麻省理工学院媒体实验室的研究员 Joy Buolamwini 在 Netflix 纪录片《编码偏见》(Coded Bias)中提到的这个问题引起了广泛关注。Joy 建立"算法公正联盟"(Algorithmic Justice League)，并推动纠正算法偏见的倡导工作。还有诸如 Pipeline Equity 这样的公司，主张薪酬透明和公平，以缩小薪资差距，并为企业提供充分的商业证据，以支持薪酬公平。

就政府机构而言，AI 是个大问题。尤其是自主武器和大规模监控等问题最具争议，也是显而易见的。人们希望安全，但又不希望隐私受到侵犯。2020 年，我参加了与"Women in Trusted AI"组织举办的虚拟会议，并有幸与美国陆军人工智能任务部队的首席 AI 伦理官、美国陆军士官学校的英语和哲学副教授 Dave Barnes 上校进行了交流。交流中，我最深刻的领悟是，各国都在努力找到最负责任和最有效的方式使用 AI，并且要了解潜在的危害和风险。

　　政府需要采取一系列措施来设定规范并充分了解 AI 的潜力。人们越来越关注 AI 在国防领域的负面影响。就自主武器而言，美国国防部制定了以下几项 AI 原则：负责任、公平、可追溯、可靠和可管理。空军中将 Jack Shanahan 是联合人工智能中心(Joint Artifical Intelligence Center)的主任，他表示："未来，随着我们构建一支AI 军队，战争的复杂性和速度将发生变化。我们有责任采纳体现我们国家自由开放价值观的 AI 伦理原则，这是我们对美国人民和军人的承诺。"如果社会被控制和压迫，就无法保持自由和开放。

　　同样的情况也适用于大规模监控。AI 可以被政府用来控制公众，也可以用来保障公众安全。大规模监控的问题也渗透到了私营公司，很多私营公司使用人脸识别技术，甚至是电影院或酒吧。最近的 AI 全球监控(AI Global Surveillance, AIGS)指数显示，全世界对 AI 监控的使用正在逐步增加。

　　以下是来自 Steven Feldstein 的《全球扩张的人工智能监控》("The Global Expansion of AI Survieillance")一文的摘录：

> 该指数显示，51%的先进民主国家采用了AI 监控系统。自由民主政府正在积极利用 AI 工具监控边境、追捕潜在罪犯、监视公众的不良行为，并从人群中识别嫌疑恐怖分子。这并不意味着民主国家在非法使用这项技术。决定政府是否会利用这项技术进行控制目的的最重要因素是政府的治理质量，其中有两个问题：一是是否存在侵犯人权的问题；二是是否有强大的法治传统和独立的问责机构。这样才能为民主国家的公众提供一定的安全感。

对于产品经理来说，这意味着什么呢？首先，如果是在专业科技领域，政治立场不会影响业务发展！更重要的是，作为产品经理，有责任支持和创造有价值的产品。产品经理在构建政府产品方面的投入和参与具有重大影响，具体取决于公众和产品经理是否对政府或军事领域抱有期望。因此，产品经理应该对产品进行深思熟虑，将社会公益与个人成功相结合。上述政府产品的案例也经历了构思、构建 MVP、发布和获取反馈的过程。唯一的区别在于，这些产品将应用到公众领域。因为其潜在影响非常之大，所以正确地开发和使用这些产品极具挑战性。

5.4   疾病和健康：AI 和纳米技术在医疗领域的应用

AI 在医疗行业的应用非常成功。CytoReason、DeepCure 和 BullFrog AI 等药物研发公司帮助人们找到并分析新的分子化合物，研发创新药物来治疗特定严重疾病，缩短新药上市时间，并协助专利申请。还有像 Standigm 这样的公司，利用 AI 技术辅助目标识别和药物生成的可定制过程。在 AI 出现之前，发现新药、进行临床试验并推向市场往往需要 10 年以上的时间。

个人护理领域通过 AI 进行个性化和预测，尤其是在全球医生资源短缺的情况下，这很让人兴奋。通过纳米技术以及分析个人数据流的数据，形成个人健康仪表盘，用户可以定期检查自己的健康体征。Biofourmis 公司(https://biofourmis.com/)正在投资这个领域，通过 Biovitals Analytics Engine(FDA认可的)为患者和医生提供疾病早期检测和潜在健康问题分析。可以想象，将来会有更多的公司开发类似的仪表盘，专门针对某种疾病或特定人群定制。

需求是发明的动力，而残疾也是医疗保健领域中 AI 长期服务的一个重要领域。通过机器人技术、计算机视觉、语音助手、音频辅助、语音转文字和智能家居技术的结合，AI 可以帮助那些在视觉、听觉、嗅觉、味觉、触觉、行动能力、心理健康、理解能力、沟通能力或学习能力方面有需求的残疾人士。

　　Parrots 公司开发了一款医疗辅助 AI 产品 Polly，帮助患有神经系统疾病的人。Polly 通过 360°视野帮助用户更好地观察周围的世界，并在家里或外出时提供导航。它通过分析眼动追踪技术进行实时预测，以满足用户的需求，并促进与周围人的沟通，包括需求、想法和愿望。它是一个针对特定用例的整套产品。Wheelmap 是一个众包导航应用，帮助用户找到无障碍通行的路径，通过用户社区的参与和反馈循环不断完善其信息。Biped 则是一家生产智能背带的公司，它开发了一款类似于背包的产品，帮助盲人和视力受损的人在导航时避免潜在的碰撞风险。

　　精神健康和自杀预防领域也在大力投资 AI 应用。2020 年，我和我的数据科学项目的同事合作，开发了一个相关产品。该产品是一个专注于精神健康的对话型 AI，它能够与用户建立联系，设定目标，并记录用户的情绪。该产品的目标是利用 AI 实时记录日记和仪表盘，供用户进行自我反思，用户还可以与心理治疗师分享这些数据和仪表盘。

　　在构思和打造这个想法和 MVP 的过程中，我们进行了研究，发现其他公司也在以各自的方式解决精神健康和自杀预防的问题。例如，ResolveX 公司正在使用 AI 与自杀热线合作，以简化手动和行政任务，让工作人员能够专注地与电话里的人对话。Woebot 开发了一个聊天机器人，运用认知行为疗法技术，帮助与抑郁和焦虑作斗争的人。

　　在医疗保健领域，产品的构思、MVP 和发布周期都有类似的以使命为驱动的因素，但都需要全面考虑所有人的利益。通常，如果产品本身没有经过充分测试，没有研究使用产品的后续影响，则产品很可能对用户产生严重影响。在医疗保健领域，将正确的想法和可行的版本推向用户进行测试固然重要，但更重要的是全面考虑各个方面，因为这涉及人体健康和安全。

5.5　基本需求：AI 向善

我刚加入数据科学和 AI/ML 社区时，有一件印象深刻的事情，那就是这个社区的互助性。我曾从事销售和客户管理工作，对同行竞争司空见惯。但我惊讶地发现，这个圈子里的人非常乐于助人。有很多开源项目可以参与，你可以在 Kaggle 上展示你的项目并赢得比赛。在 Stack Overflow 上，可以找到各种问题的解决方案。我和社区的人沟通、听他们分享对 AI 领域的见解，这对我非常有帮助。特别是当我邀请演讲嘉宾，组织座谈会或研讨会时，收获更加明显。这种氛围让 AI 领域变得更有吸引力，因为当你专注于某个具体的 AI 解决方案时，会遇到很多志同道合的朋友，他们会加入你的事业，支持你。

组织使用"AI 向善"(AI for Good)这个术语通常指致力于利用 AI 解决社会或人道主义问题。许多组织与其他公司、学校、政府和非政府组织(NGO)合作，共同致力于解决特定的社会问题。AI4Good.org 与联合国合作，以可持续发展为目标，致力于智慧城市、职场多样性、AI 伦理和乌克兰经济学家等项目。国际电信联盟(International Telecommunication Union，ITU)是联合国设立的机构，专门负责信息和通信技术，有自己独立的 AI 向善平台，全年都有志愿者参与其中，并为社区服务。还有其他生态系统，如 Omdena、DataKind 和 Teamcore，也致力于共同解决人道主义问题。微软、H2O.ai、谷歌和 IBM 也都有各自的 AI 向善倡议。

AI 在人类摆脱自身问题方面具有巨大的商机，很多公司将人道主义融入其商业模式中，以激情和创业精神将产品推向市场，在某种程度上也是在造福社会。例如，Peat 公司通过其产品 Plantix 帮助不安全区域的农民提高产量。此外，出现了越来越多的临时合作项目，如 Lokai 与 Facebook 合作创建的临时水资源慈善项目。AI 正在推动可持续食品分配和城市农业项目的发展，Square Roots 和 Bowery Farming 等公司希望构建一个农业回馈人类和地球多于索取的世界。

　　把能够改善人们基本需求的产品推向市场，是 AI 产品最重要的一种表现。在产品构思阶段，发散性思维特别重要。在 AI 向善的领域，　AI 的全部潜力还远未发掘出来，所以作为这个领域的产品经理，要把主要注意力放在构思阶段。要练习运用发散性思维，专注于通过 AI 实现的最终目标，并将其作为构思阶段的指南。构建 MVP 时需要考虑各种因素，并将所有人的利益与商业成功相结合，所以需要在构思阶段花更多的时间。

　　这还不是 AI 未来的全貌，但足以代表其发展方向，给从事 AI 产品管理的人一些见解，让他们了解通过 AI 塑造的我们世界的几个主要领域。这些领域中的 AI 应用远不止这些。本章希望为技术人员和研发者打开一扇窗，让他们更好地理解未来在各个行业中如何充分发挥 AI 的潜力。产品管理的战略层面需要具备宏观思维。思想之间存在着一定的相互联系。一个行业的用例可能会在另一个行业中激发新的创意。科技的魅力在于能够以更新颖、更快速、更简单、更有效的方式应用技术。

　　产品经理这个职业最让人感兴趣的是其宏观战略性。产品经理不一定要成为创业者，筹款、推销和行政等工作更适合具有创业精神的人。产品经理的首要目标是打造能够帮助他人的产品，科技能够高效地实现这一目标。

5.6　本章小结

　　本书的第 I 部分到此结束。本部分从介绍 AI 和支持其运行所需要的基础设施开始，深入探讨了模型维护、机器学习和深度学习的细节，展示了 AI 产品的应用和商业模式示例，最后还展望了 AI 的未来发展方向。第 II 部分将进一步深入介绍 AI 原生产品，主要关注理解、构思、创建和 AI 产品化所需要的要素。还将讨论如何定制 AI 产品，优化性能，并分享一些产品经理在处理 AI 原生产品时可能遇到的常见问题和成功案例。

第 6 章将探讨构建 AI 原生产品时的关键领域。详细讲解从零开始管理产品的具体要点，特别强调考虑 AI 因素，并指导产品经理在构思、打造 MVP 以及最终推出 AI 产品的过程中需要注意的事项。第 6 章主要面向有创业精神的人群，以通过 AI 满足市场需求并推出符合市场需求的产品。

AI 经常被认为是第四次工业革命的重要组成部分，当思考 AI 将对世界和商业众多方面产生什么影响时，会看到 AI 应用的重要性。我们将看到更多关于应用 AI 的新颖想法，这正是当前 AI 实施阶段如此令人兴奋的原因。

第 II 部分

构建AI原生产品

了解如何管理 AI 项目是 AI 产品管理的基础。在第 I 部分中，已经介绍了相关基础知识，第 II 部分将 AI 项目的输出与 AI 原生产品结合起来。

本部分包括五章，涵盖了在推出全新的 AI 产品时涉及的各个重要领域。我们将介绍创建一个 AI 原生产品的基础知识，将 AI/ML 服务产品化，根据不同的客户群体定位产品，在构建过程中可以采取的 AI/ML 选项，以及上述各项与性能基准、成本和增长之间的关系。到本部分结束时，将全面了解在推出 AI/ML 原生产品时需要考虑的战略。

本部分包括以下各章。

- 第 6 章：了解 AI 原生产品
- 第 7 章：机器学习服务产品化
- 第 8 章：面向垂直领域、客户和同行群体的定制化
- 第 9 章：产品的宏观 AI 和微观 AI
- 第 10 章：性能基准、增长策略和成本

第6章

了解AI原生产品

　　本章将介绍构建AI产品战略的基本要素。这个战略将帮助公司在构建 AI 原生产品的过程中取得成功。第 2 章简要介绍了新产品开发(NPD)的各阶段，本章将在此基础上重点关注引入新的 AI/ML 原生产品的最重要阶段：构思、数据管理、研究、开发和部署。还将讨论对 AI/ML 产品团队的核心成员，以及相关的技术栈。AI 原生产品始终离不开数据，而团队的角色分工对于产品的成功至关重要。在打造AI 原生产品时，务必深入调研，避免对公司财务和资源的浪费。人员招聘不当或技术投资错误都可能会在时间和资源上造成严重的损失。

　　本章主要是给产品经理(PM)、技术人员和进入 AI 领域的创业者准备的，以帮助他们构建 AI 产品。本章将介绍以下几个部分。

- AI 产品开发的阶段
- AI/ML 产品团队的最佳组合
- 技术栈投资
- AI 服务产品化：AI 产品管理的不同之处
- AI 定制化：针对行业和客户群体的考虑
- 销售 AI：产品管理与销售

通过阅读本章,将深入了解在 AI 产品开发生命周期的每个阶段需要考虑的因素,以及如何开发产品团队和技术架构。本章还会介绍传统产品管理和 AI 产品管理之间的区别、为不同受众定制产品时的相关要素,以及如何引起客户的共鸣。

6.1　AI 产品开发的阶段

无论组织是庞大的企业,有多个产品团队支持 AI 产品开发的各个阶段;还是规模较小的企业,只有几个人完成每个阶段的产品开发,产品经理都需要知道不同阶段的重要性,以便在每个阶段都能明确成功的标准。对于产品管理有很多不同的定义。本章尽量简单明了地总结各个阶段,准确概括 AI 产品开发的核心要素。

无论是 AI 产品经理还是 AI 产品负责人,都需要考虑产品与下面描述的每个阶段的关系,这样才能确定产品目前所处的阶段,以及需要采取哪些措施来让产品落地。

6.1.1　阶段 1:创意

与传统软件产品生命周期类似,产品经理将参与到创意阶段。这个阶段也被称为创新阶段或设计阶段。这是基于特征性进行构思的阶段,产品经理是影响产品方向的关键角色。在这个阶段,还需要权衡各种功能的成本效益,并确定产品的底线。

与传统软件开发相比,AI 产品开发创意阶段的重要性更加突出。在进入后续阶段前,需要充分集中精力进行创意阶段的工作,因为投资 AI 产品的成本非常高。因此,在产品开发生命周期中,务必将重点放在创意阶段。要避免在产品开发过程中才发现当前方案不够好,导致前期的大量工作白费,包括技术、存储和人力资源等。

在创意阶段,可以使用 UX 模型/线框图和调查问卷来形成产品的外观,并收集所需要的要求,以便明确 MVP 的范围。作为产品经理,最重要的是深入理解所需要解决的实际问题和机会。从市场角度和机器学习角度来看都是如此。

在机器学习方面，可以使用 AI 来解决六种主要类型的问题：

- 异常检测
- 聚类/同类分组
- 分类
- 回归
- 推荐
- 排序

作为 AI 产品经理，最重要的任务是明确市场需要解决的核心问题，以及基于六种能力解决的机器学习问题。其他事情都是次要的。

AI 产品经理需要协调各职能角色，包括用户体验设计师(UX)、数据架构师、数据工程师、数据分析师、数据科学家、机器学习工程师、后端/前端/全栈工程师，以及领导团队，这些都是该阶段需要参与的关键人物。产品经理需要让这些角色都能参与进来，并让每个人都有机会发表意见。

创意阶段结束时，应该明确以下几点：

- 为了使 MVP 正常工作，必须确定目标结果以及必要的产品需求。
- MVP 将如何交付给客户/用户。
- 谁将使用该 MVP。
- 将如何使用该 MVP。
- 清晰地理解要解决的问题或面临的机会。

6.1.2　阶段 2：数据管理

一旦明确了需要构建的产品内容(what)和原因(why)，就需要投入资源来确保产品的成功落地。本书所提到的 AI、机器学习和深度学习产品的本质都是：数据产品。作为数据产品，如果没有大量优质、干净的数据，任何 AI/ML 产品都无法获得良好性能。在创意阶段之后，首先是要组织和扩展支持所有数据所需要的基础设施。产品经理需要了解支持数据收集和数据处理的系统所需要的要求、限制和概念，以确保 AI 产品能够正常运行，进而做出明智决策。

在数据管理阶段，还需要确定在AI/ML 模型中使用的最佳特征。前面讨论过特征工程。简单来说，特征工程是在数据集中找出最重要的属性或特征，这些特征将主要用于训练模型。可以将这些特征视为数据元素的各列，这些列对于模型的准备和训练非常重要。不要完全依赖数据科学家、工程师和架构师完成这项任务。产品经理应该密切参与并全方位了解所选特征，这些特征将作为最相关和最终的输入，用于训练形成产品所需要的模型。

一旦决定了这一点，接下来就是构建传输数据的数据流水线的阶段。在这个阶段，需要充分了解如何为组织和产品建立可靠的数据收集和预处理、数据存储以及数据流水线实践。这些数据实践至关重要，充分利用数据进行内部应用和传统分析，也是构建AI 产品的基础之一。

6.1.3　阶段 3：研发

有了规划，并且整理好了数据后，就可以准备开始构建 AI 产品。在这个阶段，需要进行研发(研究和开发，R&D)，以构建 AI 产品的结构和内容。研发可以可以理解为实验和试验。AI 产品的构建不能只围绕一个模型进行，无论多么专业的数据科学家或机器学习工程师，也不可能只选择一个模型。之前介绍了各种机器学习模型，并多次提到，AI 产品中往往使用的是模型的组合。

1.7 节介绍了 A/B 测试的概念。研发的过程中会涉及相当多的 A/B 测试和评估，因此产品经理有必要了解 A/B 测试的基础知识，以及数据分布、群组、置信区间和其他概率概念。A/B 测试是机器学习中常用的测试方法。

在这个阶段，需要在选择适合具体用例的模型之前进行相当多的实验。如果看到数据科学家和机器学习工程师在不同的模型之间反复试验，得到满意的性能之前无法确定选择，并希望进一步实验，那都是正常的。招聘经验丰富的数据科学家和机器学习工程师只是 AI 产品的一个方面。

数据科学家和机器学习工程师懂技术，但不是商业专家。他们擅长建模和创建算法，以适应商业专家规划的用例。在研发阶段，可以为数据科学家和机器学习工程师提供正确的指导，并与他们共同管理期望。需要为他们提供适当的工具、利益相关者和资源，以确保他们的成功。当然，还有其他要考虑的因素，如模型的性能。

应该由产品经理决定客户对性能或准确度的要求，而不是由数据科学家来决定。AI 产品经理与团队需要定期设置这些要求和期望。

6.1.4　阶段 4：部署

本文用部署作为一个总称，涵盖研发阶段之后的所有工作。在部署阶段之前，需要确定一个或一组能够满足产品创意和 MVP 的要求、得到数据基础设施支持、并经过充分测试的模型。此阶段中，需要构建支持 AI 产品的基础设施，以确保模型及其输出能够整合到客户将体验的产品中。在部署阶段，需要将数据科学家和机器学习工程师的工作与全栈开发人员的工作结合起来，真正将 AI/ML 整合到整个产品中。

AI 功能可能只是产品中的一部分，也可能是核心功能。无论产品与 AI 的关系有多深，都需要将模型中的机器学习结果部署到更大的 UI/UX(用户界面/用户体验)上下文中。由于 AI/ML 代码与生产代码之间需要进行整合，因此可能需要一边研发一边部署。选择合适的机器学习模型和技术是一个独立的过程，与选择合适的方式展示、使用维护机器学习的输出是分开的。

部署阶段实际上是为了确保机器学习输出的内容能够持续传递和交付。在这个阶段，需要整理产品持续维护和交付的流程与规范，这些内容在第 2 章中已经概述过。

介绍了 AI 产品开发生命周期的各个阶段后，接下来聚焦于 AI

产品团队方面内容。组建一个新的 AI 产品团队充满挑战，因为很难找到满足产品需求的合适人才。每个产品和公司的需求都不同，6.2节将进行客观介绍。

6.2　AI/ML 产品团队的最佳组合

　　本节着重介绍将帮助 AI 产品团队走向成功的各种角色。本书按照上述阶段对这些职能分组，以了解这些角色在什么时候发挥作用。注意，并非所有角色都是组织必需的。不同组织会有不同的需求。在组建 AI 团队时，可根据实际情况做决策，也可以引入其他利益相关者。以下是一个相对完整的、可能要招聘的 AI/ML 产品团队主要利益相关者清单。

　　下面看一下 AI 团队的最佳组合可能需要的一系列角色。这里按照常见的出现顺序列出这些角色。

6.2.1　AI 产品经理

　　每个组织都不一样。有些组织在构建 MVP 之前不会招聘产品经理。有些组织可能在创始时就招聘了产品经理。还有一些组织本身是成熟的，只是准备推出第一个 AI 产品。无论组织处于什么阶段，最终都要由产品经理集中处理支持 AI/ML 产品所需要的所有活动。

　　产品本身是一个有生命力的生态系统，有一个可以满足各个部分需求的负责人非常重要。AI 产品经理是这个负责人的首选。物色一个有 AI/ML 产品经验或专攻此领域的产品经理，有助于产品顺利构建。最理想的方式是在开始时就招聘 AI/ML 产品经理，并保持其与产品愿景的协调一致。AI/ML 产品经理在开始实施产品之前介入，可以更了解背景讨论和市场影响，能够最好地支持产品。

6.2.2　AI/ML/data 策略师

对于大多数公司而言，这是一个类似顾问的角色。理想情况下，AI/ML/data 策略师会全面支持 AI/ML 职能/团队。AI/ML/data 策略师是在 AI/ML 开始时需要招聘的角色，他们帮助做关键决策，确定 AI 项目或产品团队中各个职位的招聘对象，确定技术栈的内容，并设置与实验和部署相关的工作流程。

这个角色可能在产品开发的策划阶段和初期(大约6～8 个月)高度参与，也可能是在资源充足的环境中充当产品经理的角色。他最好能够熟悉 AI 伦理原则。初创公司从零开始创立公司和产品，这个角色也可能是技术合伙人，能够成为技术决策者。这个角色有时也称为数据架构师。

6.2.3　数据工程师

在为 AI 产品/项目团队设计了一个架构后，需要与 AI 策略师合作，共同绘制蓝图，然后与数据工程师一起，为数据流水线奠定基础。如果从零开始建立一个 AI 产品，则需要找一个能够帮助团队进行数据工程决策的数据工程师。

你会使用数据网格、数据布局、数据湖还是数据仓库？因为要从头开始为一个 AI/ML 原生产品建立这个功能，所以需要一位有能力且经验丰富的人来进行适当的设置。数据架构的迁移和变更会耗费大量时间和资金成本。如果一开始就得到了适当的帮助，将为团队规避潜在的风险，并提供一个可持续、可扩展的基础架构，使团队能够放心地构建产品。

6.2.4　数据分析师

对很多公司来说，首先要在已建立的数据分析基础上进行扩展，然后用机器学习进行分析。按照一般的顺序，需要先招聘一些数据分析师，快速发现已有数据中有价值或值得探索的内容，从而更清楚地了解和掌控数据。这个角色需要好奇心和探索精神、能够快速分析大量数据。

　　这个角色可能是数据查询专家,与数据工程师合作,为工作流提供数据查询,为 AI/ML 产品提供动力。他们还可以帮助改进内部数据分析方法,优化内部流程,并通过产品或平台的仪表盘 UI/UX 向客户传递分析结果。

6.2.5　数据科学家

　　一旦具备了生成和处理数据的能力,就可以开始进行数据实验,并需要与模型构建方面的专家合作。模型构建专家需要精通机器学习算法、大数据、统计学和编程。大多数公司都使用 Python 进行编码,因此建议使用 Python。这个角色不仅需要技术技能,还需要软技能,因为它是一个协作的角色,并且频繁与领导层沟通。

　　在这方面,组织需要招聘一位数据科学家来实现早期确定的商业目标。这个角色需要具备强大的商业头脑,能够理解工作的影响和目的。他们还需要具备相应的专业知识,能够提出在技术和功能上适合组织、数据和产品的算法解决方案。对大多数组织来说,这个角色很难找到合适的人选,因为在所有这些领域都具备相应能力和经验的人非常稀缺,特别是在初创企业或从零开始开发产品的早期阶段。

6.2.6　机器学习工程师

　　AI 产品的开发,需要对战略、数据架构、客户/产品数据的能力以及在产品中使用的模型有很好的把控。产品目标和目的已经由领导团队中的技术利益相关者明确并确认。接下来,可以将构建 AI/ML 产品或项目中较繁重的相关任务交付给机器学习工程师。机器学习工程师可以使用数据科学家设计的模型和算法,将机器学习模型(编码)整合到产品的工作流程或代码库中。

　　支持 AI 原生产品的机器学习工程师,需要深入研究数据和算法,以观察模型结果。这个角色通过对模型不断试验,从错误中寻找可接受的性能。机器学习工程师使用数据分析师验证过的数据，并将其与数据科学家在工作中选择的算法结合起来。在将某个模型实际部署到生产环境之前，这些工作都不会有实际结果。将所有内容整合在一起并最终部署支持所有先前功能的代码，是应用机器学习工程师的主要任务，他们是团队中的重要成员。根据组织情况，可能必须在数据科学家和机器学习工程师之间做出选择。

6.2.7　前端/后端/全栈工程师

上述五种角色的能力和侧重点各有不同。组织往往不需要同时拥有所有这些角色，但有一点是确定的：无论如何配置这五种角色，组织始终需要全栈工程师支持产品部署之前的 AI/ML 工作。机器学习工程师将 AI/ML 功能添加到代码库，然后交由完整的工程团队来支持产品的各方面工作。前端、后端和全栈工程师需要与机器学习工程师和数据科学家合作，共同开发 AI/ML 原生产品。

组建团队，并使团队成员之间密切合作、建立信任非常重要。通常，AI/ML 产品会有许多与产品的 AI/ML 方面无关的功能和需求。你需要一个完善的工程团队，在冲刺(sprints)中，管理 AI/ML 功能之外的任务和史诗(epics)。这些角色为产品构建 MVP，并在产品管理的过程中进行改进。经历以上阶段后，才能获得一个真正可用的产品。

6.2.8　UX 设计师/研究员

产品的起点就是 MVP。所有产品都需要不断迭代，而有了 MVP才能开始迭代。根据组织和理念，可能在规划阶段就需要 UI/UX 的参与。团队一开始就需要有一个产品设计师，或者在进行早期市场调研时与用户体验研究员合作。一旦拥有一个 MVP，就能够与用户(或测试用户)建立一个基准，并了解他们如何从产品中获得价值。

UI/UX 的关键是如何以最高效的方式为最终用户提供价值。其主要关注的是减少用户的困惑，让用户感到愉悦。一个优秀的 UI/UX设计师或研究员可以引导产品在用户端视觉的变化。产品经理需要与 UI/UX 持续合作，在构建产品的迭代过程中从用户那里学习，以最贴近用户(及其客户)的需求。

6.2.9　客户成功

通过 UI/UX 设计和研究倾听客户的声音固然重要，但客户希望能够得到更多的回应，而不仅仅通过产品来实现。如果正在开发 B2C 产品，可能不需要庞大的客户成功团队，但如果在向其他企业销售 AI/ML 产品，则非常需要。客户成功团队的存在是为了确保客户正确使用产品，并从中获得预期的价值。

客户成功团队还是数据和 AI/ML 功能的重要反馈来源。客户成功团队为 AI/ML 产品提供了反馈的闭环，这是产品迟早需要建立和提升的。他们可以帮助扩展产品功能，可以与最终用户合作，了解最终用户真正希望的潜在新功能。作为 AI 产品经理，一定要与客户成功团队保持良好和开放的关系，因为他们是获取一线实际情况的最重要来源。他们是真正与客户进行交流的人！

6.2.10　市场/销售/市场推广团队

这个团队需要从一开始就参与产品开发，并贯穿始终。将销售和市场营销归为市场推广(go-to-market，GTM)，这也是该团队的职责。该团队向市场传达潜在客户是什么样的。你可以结合自己的技术来优化产品的表述，使市场对产品有更好的认知。可以利用市场推广会议来决定以下事项。

- 与产品相关的术语。
- 产品在市场上的定位方式。
- 销售团队在演示中向潜在客户介绍关于专有技术和算法的细节。
- 提供产品的解释和说明。
- 如何传达针对产品所做的技术决策。
- 有哪些关于产品的信息要对外界保密，以保持竞争的状态。

在构建和改进产品的过程中，产品经理需要与市场推广团队紧密合作，并讨论如何传达即将推出的新功能或版本更新的信息。

6.3　技术栈投资

了解技术栈和最灵活的编程语言，是技术栈最重要的部分。在这个阶段，需要与数据科学和数据工程团队密切合作，以适当的方式将相关数据可靠地传递给模型，以便所有参与构建产品的其他利益相关者都信任现有的基础设施。

管理机器学习实验本身就是一项艰巨的任务，可以使用一些工具管理版本和实验，如 MLflow 和 Weights & Biases、Cloudera Data Science Workbench、Seldon、Dataiku、DataRobot、Domino、SageMaker 和 TensorFlow 等，通过工作站帮助数据科学家构建、实验、部署和训练机器学习模型。

作为产品经理，要经常考虑实现某事物的收益与成本或努力之间的关系，因此不能忽视技术栈。虽然技术栈的选择由 CTO 决定，但如果这个技术栈与产品建设直接相关，那么产品经理就不能置身事外。赋予利益相关者权力会影响投入 AI 产品的努力和成本，所以请务必参与这些重要决策的制定。

关于技术栈，最重要的是要注意随着业务的不断发展，搭建合适的基础设施，以便应对随之而来的数据规模问题。构建适合的技术栈来处理数据的清洗、存储、安全、准备和监控，是支持 AI 项目或产品团队的基础。这与构建数据的战略相辅相成。除此之外，需要为 AI 项目中的各种角色营造良好的协作环境。需要在分析师、数据科学家、机器学习工程师、其他工程团队以及参与 AI 团队的领导和顾问之间，建立各种成员沟通和合作的渠道。

有许多 AI 项目会使用自动化方法处理流程和工作。AI/ML 技术一直在变化和改进，因此，将自动化应用于 AI 项目本身，对项目的进展很有帮助。充分发挥优秀员工的才智，进行明智的决策，并推动他们解决复杂问题。尽可能提高自动化、更新和标准化程度。这与敏捷和精益开发的原则相一致。在计划中应该合理安排代码的重构和优化改进，并利用技术栈的优势，为团队的成功做好准备。

　　拥有正确的流程、人才和技术栈来支持 AI 产品只是开始。产品经理需要将所有必要的要素汇聚在一起，以创建由 AI 驱动的输出。这些输出将以某种形式融入产品，成为为客户创造价值的特性。接下来将探讨如何将 AI/ML 项目和团队的产出以最直观的方式呈现给客户。

6.4　AI 服务产品化：AI 产品管理的不同之处

　　本节将探讨传统产品管理和 AI/ML 产品管理之间的区别。在某些方面，AI/ML 产品与传统产品并没有太大差异，同样在创建有价值、可用、性能好和功能完善的基准产品，并尽力优化这个基准产品。这对于每个产品以及更广泛的产品管理实践都是适用的，而且并不会因为产品采用 AI 而改变。

　　AI 产品的真正区别在于，它是在将一项服务产品化。AI 要运行，必须从数据中学习。不同的数据类型需要不同的模型，以获得更好的性能。而不同的数据集又要求模型使用不同的超参数。这就是 AI/ML 的特性。在构建和组织产品时，模型甚至会因为客户不同而需要进行根本性的变更，特别是在最初只有很少客户的时候。

　　这意味着你要了解所有客户是如何从 AI/ML 服务中受益的，并建立一个标准流程，以便让所有客户都能获得最大的好处。进行服务产品化首先要找到一个特定的客户群体或细分市场。如果能理解产品如何通过 AI 最大限度地帮助客户，并能专注于客户成功的价值，那么你已经迈出了产品化的第一步。

　　接下来的重点是如何最好地构建产品和内部流程，以避免对每个客户都从零开始。初始阶段需要进行大量探索。也许某些模型在某些客户的数据上表现得比其他模型更好。也许只有当某个客户提出需求时，才会出现特定的用例。产品化的基本思想是找出其中有价值的东西，并在其他地方复用原先的项目、成果或流程，并让公司和客户都受益。资源的浪费往往导致成本的增加。如果产品能为客户群体重新利用某些资源，就能够提高产品的成功概率和客户的接受程度。

在咨询行业，服务产品化是一个常见的概念。咨询顾问经常需要从零开始与客户建立新的合作关系。他们逐渐发现类似的需求或类似的用例，并从中识别特定的模式。产品化的核心就是为特定类型的客户、行业、用户画像或用例创建可重复的流程。这也是使用 AI/ML 产品所做的事情。这样做可以更好地预测客户选择产品的动机，以及如何与他们分享成功案例和实际应用。产品化还有助于提升市场营销、销售、客户成功和整体市场推广团队的能力。

AI/ML 产品整合是要找到模型的输出和所要满足的用例或客户群之间的平衡。很多产品经理在构建 AI/ML 产品的过程中发现，他们需要根据特定的客户群定制产品。6.5 节将讨论如何进行 AI 定制。

6.5　AI 定制化：针对行业和客户群体的考虑

在产品化的过程中，可以将产品的受众划分为不同的客户群或组。不同模型适合不同类型的客户，为此可以建立一个框架进行管理。基于产品化的经验，将产品划分为不同的用例，并与不同的客户群采用不同的交流。这样，顺其自然地进行垂直化发展。

了解商业模式、垂直领域和特定客户群的各种因素，是将产品推向市场的重要部分。例如，对于 B2C 产品或消费者产品，需要在创意阶段多收集终端用户的直接反馈信息。开发一个数百万用户使用的产品，需要充分了解这些终端用户的偏好和需求，以保证产品与用户的期望一致。这样的产品也可以通过快速实验和迭代获益，甚至可以在 AI/ML 模型达到期望的性能之前，就发布产品并开始收集反馈意见。

对于 B2B 或面向企业的应用，可能会花更多时间在产品创意和部署上，以便能够专注于特定的目标客户群。对于商业应用，产品可能非常复杂，不同用户需要执行多个相互关联的操作，但目标用户可能是一个非常小众的用户群。市场上如果已经有为客户提供类似解决方案的工具，那么与市场保持功能对齐可能对这类产品更为重要。

企业规模不同，AI 产品经理在组织中的角色会有所差异。例如，如果企业足够大，可能会为每个产品版本迭代分配一个专门的产品经理。还可能有不同的产品经理支持 AI 产品的不同功能模块。甚至可能有一个专门负责产品 AI 功能的产品经理，由高级产品经理或产品总监监督整个产品系列。在规模较小的企业中，可能只有一个 AI 产品经理负责从产品开发的所有阶段到持续维护整个产品的全过程。

公司规模的不同还会影响数据的情况。公司规模不同，产品经理获取数据的难度和所获得数据的质量都会有所不同。在规模较大的企业中，访问数据集合需要相应的管理权限，大大限制了数据使用的便利性。对于产品经理而言，会增加产品创意和开发阶段的时间。数据孤岛的存在使数据的整合变得困难。相反，规模较小的初创公司可能积累的用户较少，可能会面临数据量不足的问题。数据的可用性和质量对于大公司和小公司来说都是不可避免的问题。

高垂直领域的产品对 AI 产品经理的工作也有特定的要求。例如，专门应用于医疗、金融科技或教育领域的产品，需要一位具备这些垂直领域的专业知识和技术的产品经理。即使是同一位产品经理为这些垂直领域的产品提供支持，由于针对每个特定领域的权重、阈值和性能指标很可能会有很大的差异，很可能会得到不同版本的产品。某些类型的产品甚至可能出现极度专业化的情况，每个客户都会有高度定制的产品需求！这往往需要根据客户数据进行高度定制，调整机器学习模型。

构建产品并为特定受众定制产品，归根结底是为了打造一款畅销的产品。产品经理需要了解产品的受众——产品的购买者和用户，以便构建真正能够为他们服务的产品。6.6 节将讨论 AI 产品销售的概念以及从产品管理的角度来看它有什么意义。

6.6　销售 AI：产品管理与销售

在 AI 产品管理中，以多种方式销售产品。首先，是传统的销售方式：创建一个市场想要的产品。这是所有传统产品经理角色中的核心要素。产品经理对市场、产品和销售团队的理解越深，对于市场、产品性能以及销售团队所构建解决方案的把握就越大。然后，AI 也给销售带来了机遇和挑战：销售 AI 功能本身的能力。

本书前面提到了 AI/ML 项目在投入生产时面临的困难。原因有很多，最重要的一个原因是无法向整个组织推广 AI 的价值。AI 产品经理需要培养这种直觉和能力，能够将产品销售给外部市场，内部的利益相关者和领导层。无论在大型组织工作还是小型创业公司工作，这都是非常重要。

在组织内推广 AI 的过程中，与赋予团队权力的方式直接相关。对于 AI 产品的推广，有以下建议。

- 确保数据战略和数据架构方面的一致性。AI 产品是数据产品，如果数据方面存在局限性，则必须对数据流水线进行逆向工程，这非常麻烦。因此要确保有一个明智的数据战略，以便在业务和产品规模扩大时，能支持更多的用户和客户。
- 确保不会过于专注于技术和技术栈，而忽视了将技术的应用与实际影响联系。时刻提醒自己为什么要在产品中使用 AI。AI 对于产品、组织和客户有什么价值？没有价值的产品是销售不出去的。在客户掏钱之前，销售人员需要有效地传达产品的价值。产品经理也要有这种能力。这不仅适用于说服客户，也适用于说服领导团队。

- 确保积极尝试不同的方法。正如一再强调的：AI/ML是一个
  不断迭代的过程。在没有足够的进行试验的空间的情况下，
  不能对 AI/ML 工程师和模型本身有过高的期望和要求。
  AI/ML 可以创造出有价值的结果，但需要不断进行迭代。
  选择不同的机器学习模型支持产品扩展时，灵活性和好奇
  心也将非常重要。

和其他产品角色一样，AI 产品经理的工作范围很广，需要有多
个领域的知识和能力。要了解如何创建和构思 AI 产品，利用前沿
技术满足市场需求。还要深入了解产品的数据，确保团队能够基于
数据进行 AI 产品构建。给予 AI 工程师足够的空间和自主权，以尝
试不同的方法，并向上报告他们的发现，这样技术人员和领导层之
间就能够形成良好的反馈循环，让产品开发更顺利。最后，创建适
当的部署技术栈和流程，确保最终用户能够按照产品经理的初始意
图从产品中获益，并为形成一个良好的基础，日复一日地改进产品，
直到最后产品退出市场。

6.7　本章小结

产品经理的工作永远都没有尽头，需要考虑各种声音、观点和
因素，协调各方利益相关者、技术、领导力、市场分析、客户反馈，
同时保持对产品的热情，这并不容易。本章介绍了 AI 产品开发生
命周期的各个阶段，以及可以组成 AI 产品最佳团队的各种角色。
还介绍了构建产品的技术栈，以及各种需要关注的方面，帮助产品
吸引客户群体购买和使用。希望本章能帮助你了解构建 AI 原生产
品时的关键因素。

只要 AI 项目招聘到合适的人才，深入调查研究，找到适合的
技术栈和策略，根据客户的垂直领域构建产品框架，与领导层和整
个市场团队合作，打造满足市场需求的产品，就为产品的成功打下
了基础，并且会获得超乎想象的效果。

第 *7* 章

机器学习服务产品化

6.4 节简要提到了产品化的概念以及它对 AI 服务的影响。本章将进一步探索构建 AI 产品时可能遇到的挑战和困难。AI 产品与传统软件产品不同，这是一个学习产品化的过程。所谓产品化，是指创建可靠的工作流程，并能够持续输出符合传统产品要求的结果。

本章将更深入地探讨产品管理原则，并将其与 AI/ML 服务的特点相结合。

本章包括以下主题。

- AI 产品与传统软件产品的差异
- B2B 与 B2C：产品化的商业模式
- 一致性和 AIOps/MLOps：依赖和信任
- 性能评估：测试、重新训练和超参数调整
- 反馈循环：建立关系

7.1 AI 产品与传统软件产品的差异

传统软件产品和 AI/ML 产品之间存在许多区别。本节将首先讨论它们的相似之处，然后指出两者的差异，以便全面了解如何进行

AI/ML 产品的产品管理。并以此为一个基准，将 AI 产品经理与传统产品经理的工作进行区分。产品经理要保持对产品的直觉，并在构建、发布产品以及与工程团队合作的过程中，探索产品将如何成长和演进。

这种直觉与市场推广和产品销售的方式有关，产品可以体现客户需求和问题，以及在构建和推广 AI 产品时可能出现的潜在问题。许多产品经理并不了解 AI/ML 产品对他们的要求，本章旨在帮助产品经理在进入 AI/ML 产品领域时建立这种直觉。

传统软件产品和 AI 产品的界限越来越模糊。这是因为大多数软件公司已经开始将 AI/ML 集成到现有的产品中，或者推出了 AI 原生产品。对于不同领域的产品经理来说，深入了解 AI/ML 能够保持自身的竞争力，无论是否打算深入研究 AI。了解传统软件产品和 AI 产品之间的区别，并不仅仅是比较两个不同的产品群体，更重要的是为了预测产品将如何随着 AI 的发展而演变。接下来，先了解传统软件产品与 AI 产品的相似之处。

7.1.1 相似之处

AI 产品与传统软件产品之间有许多相似之处，本质上，AI 产品就是内嵌了产品化的 AI/ML 服务的传统软件产品。因此，两者的相似之处包括敏捷产品开发和数据。AI 原生产品与 AI 构建流程都遵循着与大多数传统软件产品相同的构建流程。它们也高度依赖数据的驱动。对于传统软件产品来说，这一点同样适用。

1. 敏捷开发

在传统软件开发中，可以遵循一些方法论来构思、跟踪工作进展，并与某些框架或时间表保持一致。如今，大多数软件公司不再使用瀑布式开发方法，而是选择使用敏捷、Scrum 或精益等方法。大多数软件公司采用迭代和实验性的方式构建和发布产品。它们将宏观的商业目标转化为具体的任务，然后通过每个迭代周期结束时的交付成果实现这些目标。一旦完成这些交付成果，就会进行评估，以确保交付物能够通过测试，达到期望。

这种方法的核心是敏捷性。在逐步构建产品各个功能的同时，对这些功能进行功能和概念上的测试。这是一种经济高效的开发方式，在产品或功能上投入时间、精力和资源的同时，观察产品在客户群体和整个市场上的反应。敏捷性是科技公司成功的基础：在构建过程中，如果发现产品或功能在用户中没有引起共鸣，可以及时进行变更和调整。无论产品是否包含 AI/ML 功能，这一点都适用。

AI/ML 将敏捷性的核心推向了一个新的层次。由于 AI/ML 产品的构建是不断地从过去中学习，因此不断演变和适应新的性能、准确性或速度要求。无法孤立地构建一个 AI 产品。随着时间的推移，AI 产品会经历多次迭代，因此始终处于更新或升级的状态，以满足客户的期望。

2. 数据

还有一个相似之处就是对数据的使用。某些软件产品即使没有太多的个人数据，但通常会以数据产品的形式构建，因为它们也会利用和存储整个用户群体的数据，并据此进行决策。传统软件开发会与数据库建立反馈闭环，或者基于数据流水线进行构建，在用户界面和某种集中(或分散)的数据库之间相互传递信息。

软件工程师除了编写源代码外，还需要处理大量数据。在本书中，详细讨论了 AI/ML 产品对数据的需求，这对大多数软件产品都是适用的。无论是"数据"产品还是"AI/ML"产品，软件产品都在不断使用和处理数据。无论是构建应用 AI 产品还是其他产品，获取客户数据都是必要的。了解了传统软件产品和 AI 产品的相似之处，接下来了解一下它们的差异。

7.1.2　差异之处

虽然大部分 AI 产品是在传统软件开发的基础上构建的，但两者确实有一些关键的差异，作为产品经理，应该了解这些差异。AI 促使传统软件产品革新，这在产品领域称为应用 AI。所谓应用 AI，就是将 AI 应用于软件产品，而不仅局限于研究环境或实验室。将 AI/ML 应用于实际场景，不断测试和优化模型的准确性和精确性，并通过反馈循环进行改进和演化。这就构成了应用 AI 的概念。本节将介绍 AI 产品与传统软件产品之间的重要差异，包括可扩展性、利润率和不确定性。

1. 可扩展性

应用 AI 产品与传统软件产品之间的一个主要差异在于可扩展性。由于 AI 对训练数据的质量和异常非常敏感，因此在扩展这类产品时很可能会遇到问题。你可能会遇到许多特殊情况，不得不重新开始，或者划分不同的用户群组。这导致了"集体性 AI 疲劳"(collective AI fatigue)，这种疲劳来自直接从事 AI 的研发工程师，也来自领导层和整个市场，其根源在于将 AI 应用于商业领域时的可扩展性问题。

这个问题不仅仅在于 AI 在准确性方面的挑战。对于先进的机器学习和深度学习模型来说，需要大量的数据才能正常运行并获得良好的性能，且前提是这些模型具备足够鲁棒性，并能够适用于广泛的用户群体、情境、环境和地点。传统软件产品的运行并没有这么多要求，但在应用 AI 的产品中，需要为每个用户或用例提供能够满足高度个性化需求的模型。

这种意识与现实世界是一致的。与传统软件产品相比，AI 对边界情况的敏感度特别高，甚至对于边界情况的界定更加模糊。边界的界定是所有软件产品的基础，传统软件公司不断地迭代产品，并保持产品的竞争优势。所以，一旦开发并发布了一个产品，就能够将其销售给几乎所有的潜在客户，而不需要进行大量的定制。

本章后续将详细讨论商业模式的差异，而可扩展性会受到所选择的商业模式的影响。例如，对于一家 B2B 公司，AI 产品在不同客户之间的表现会截然不同，因为不同客户的训练数据差异非常大。与此相反，对于一家 B2C 公司，模型训练时可使用真实且多样化的数据，但是不同客户与产品的交互方式可能会有明显的差异。

无论是训练数据还是最终用户使用产品的方式，问题都是一样的：产品经理需要考虑众多的观点和需求等外部影响。这使产品构建非常困难：需要在扩展模型的同时保持产品的一致性，甚至在确定产品性能要求方面，都需要耗费大量时间、成本和精力，更不用说达到所需要的准确性，最终作为 MVP 进行销售。

要赢得首批客户对产品价值的信任，并持续使用产品，需要做大量的早期工作，尽管在传统的软件产品领域，初期的客户获取工作通常会随着时间推移而减少，但这种模式不一定适用于 AI 产品。对于应用 AI 产品来说，获取和留住客户的过程可能一直是个艰巨的任务，这进一步加剧了可扩展性的问题。不过，业界正在努力寻找改进模型的方法，以减少对大量数据的依赖。

根据 AI 论坛(AI Forum)的观点，收集数据是一项高成本的任务，需要进行注释和标记(例如在医疗领域由临床医生完成)、清洗和预处理工作，这些工作可能占 AI 训练成本的 50%。使用隐私数据时，需要获得数据所有者(如患者)的同意，有时候还需要额外的激励措施才能让数据保管者共享数据。此外，数据隐私和安全法律可能会对数据的共享、存储、访问和处理有所限制。

这一观点强调，数据的数量本身相对于可扩展的 AI 产品来说是次要的，相比之下，数据的质量和多样性更为关键。不仅需要对数据进行统一的标准化处理，还需要包含足够多样的代表性数据点，以涵盖用户的各种特征。数据只有具备了多样性，才能更好地预测产品投入市场后广大用户的需求和用例。

获取清洁的数据并不容易。现实世界的数据集都存在数据质量问题。Tableau(https://www.tableau.com/learn/articles/what-is-data-cleaning#:~:text=tools%20and%20 software-,What%20is%20data%20 cleaning%3F,to%20be%20duplicated%20or%20mislabeled) 对这个问题进行了总结："数据清洗是在数据集中修复或删除不正确、损坏、格式错误、重复或不完整数据的过程。当合并多个数据源时，数据很容易出现重复或标错的情况。如果数据有问题，即使看起来是正确的，结果和算法也不可靠。因此，在数据清洗过程中，并没有一种固定的方法可以规定确切的步骤，因为每个数据集都会有差异。"

AI/ML 产品对数据质量特别敏感，而这个问题还会因为恶意篡改或数据污染而变得更加严重。在某些情况下，最终用户可能会攻击 AI/ML 系统，有意操纵用于训练的数据，进而影响系统的性能和准确性。

2. 利润率

正如前文介绍，要打造应用 AI 产品，就必须建立一个 AI 组织，而这其中涉及的成本巨大。这些成本是传统软件产品和应用 AI 产品之间的主要区别之一。AI 成本可能非常高，会影响利润率。根据 2021 年 KeyBanc Capital Markets 对 354 家私营 SaaS 公司进行的调查，大多数公司的利润率在毛利率方面为 80%，而在考虑客户支持/成功等因素时，这些利润率下降到 68%~75%。

哪怕是在运营良好的企业，应用 AI 到产品时也会有利润大幅下降的情况。有一个来自《哈佛商业评论》的案例，其中提到："……一家金融公司因为一个机器学习模型开始出现问题，仅仅在 10 分钟内就损失了 2 万美元。由于当时无法找到问题的根源，甚至无法确定哪个模型出现故障，该公司别无选择，只能停止使用模型。所有模型都被回滚到早期版本，这严重降低了性能，浪费了数周的努力。"想象一下：在如此短的时间内损失那么多钱，却仍然不知道问题所在，多么令人难受！

尽管如此，应用 AI 产品的某些方面比其他方面更具盈利潜力。根据福布斯的报道，应用 AI 获得最快回报的领域是支持客户行为。这因为它直接影响销售，并且能够促进收入。应用 AI 的用例，如产品推荐、定价算法拓展或广告个性化/优化等，能够吸引更多的网站流量，根据客户的消费和购买习惯、成本意识以及口味和偏好，帮助客户更好地选择产品。

应用 AI 的中期回报在于利用 AI 改进产品或以某种方式提升用户体验，如通过产品自动化提高用户的工作效率。本书讨论的 AI

主要是这种类型的 AI 应用，它们能够直接影响某个产品及其性能。这是产品经理在应用 AI 方面需要关注的主要领域，也是最适合 AI 的地方，如产品性能、客户关系和市场地位等。对于中期回报，由于大部分 AI 成本在前期发生，产品经理需要从收入和性能的角度管理好工程、领导层和面向客户的团队的期望。

应用 AI 的长期回报在于影响公司的声誉。AI 的应用提高了公司的信任和声誉，特别是与竞争对手和同行相比时。不过，获得这种 AI 优势需要时间，这也是 AI 的双刃剑。最终，竞争对手同样会意识到这一点，并努力在相同的领域竞争。这是竞争的本质，作为产品经理，也应该理解产品在市场中会受到严格审视。

不过，AI 产品的盈利并不是独立的。正如前文讨论的 AI 的短期优势，对于专注于营销、推荐系统或广告等领域的产品，可以将 AI 的这些优势延伸到这些领域。在 AI 的长期优势方面，如果能够将应用 AI 融合到产品中，并且 AI 能给产品带来巨大的优势，那么这些优势甚至能影响企业在市场或行业中的声誉。作为产品经理、技术专家或企业家，需要权衡 AI 带来的成本和优势，并制订计划，决定如何开始利用应用 AI。

在开始利用 AI 的时候，产品经理首先要了解 AI 能够为产品和公司带来什么好处。然后起草计划，并向公司领导陈述。产品经理需要清楚地传达 AI 的效果，以及对 AI 如何影响盈利的理解，才能在组织中建立信誉，这也为利益相关者提供了一个了解挑战和机遇，并为计划做出贡献的机会。

一旦有了这个计划，产品经理就可以开始跟踪应用 AI 各个领域的相对盈利能力，并在组织内找到支持者，帮助保持对 AI 的关注度。如果组织都能就 AI 的成本支出和利润期望达成一致意见，那么在继续应用 AI 的过程中，就会更加顺利，因为这将促使你在有数据、经济回报和激情的情况下继续投资于 AI。同时，这也能让财务团队满意。

3. 不确定性

最后一个重大差异是概念上的差异。AI 给产品管理带来了许多不确定性。传统软件产品具有确定性，这些确定性在产品中被硬编码。虽然传统软件产品也存在算法，但它们是静态的，不会随时间改进或学习。AI 产品的这些特征更加动态。需要由开发者和用户来明确期望水平和性能。如果模型因为训练不足而无法达到预期性能水平，就需要进行更多的训练。如果 AI 始终无法达到期望的性能要求(经过多轮训练)，最终可能导致产品无法销售！传统软件中的这种不确定性相对较小，因为性能目标不会像构建 AI 产品时那样频繁变化。

对于机器学习，并没有完美的模型，因此机器学习会有一定程度的错误。要提高性能，需要更多的数据来进行训练。在与领导、客户和工程团队合作时，产品经理需要了解准确性的界限。对于每个产品和用例，这个界限会有所不同。基于某个特定训练数据集的模型输出可能很好，但如果扩大训练集并重新训练，可能得不到预期的结果。重现和验证这些产品的能力非常困难，在测试、部署和维护版本时，需要保持实验意识。此外，很难确定模型的改善主要是因为所选择的模型类型、选择的训练数据还是选择的特征。

很难确定训练好模型需要多少时间、多少资源和多少数据，这使路线图的规划和时间的把控变得非常困难，对于之前从事传统软件产品工作的产品经理来说尤其如此。找到合适的平衡因素可能需要几天、几周或几个月。在构建产品的过程中，只有深入了解细节，才会意识到产品经理工作范围的复杂性。这给领导团队带来了巨大的挑战，他们希望明确所需要的时间的具体答案。AI 给产品构建过程引入了许多不确定性因素,因此领导团队理解并支持 AI 非常重要。

总的来说，AI 的发展趋势不可阻挡，它将在未来的十年中发挥越来越重要的作用。随着企业以新颖和创新的方式应用AI，AI 的潜力和机遇不断增长。在未来十年，将看到更多企业受益于 AI。今天投资并构建 AI 原生产品的公司如果能够生存下来，将为未来几十年的成功奠定基础。

　　介绍 AI 产品和传统软件产品之间的区别，是因为我们希望每个有意愿和投资创建 AI 产品的人都能够取得成功。如果你在开发一款新产品时能够预见潜在的障碍，就能更好地帮助团队克服这些障碍。作为产品经理，需要管理产品利益相关者，将问题转化为解决方案，审查数据分析和洞察，进行沟通，并确定能决定产品性能的验收标准，以及产品的责任、可解释性和伦理。无论是否支持 AI 产品，产品经理在这些方面都需要得到提升，这也是产品经理的使命。

　　我们讨论了 AI 产品与传统软件产品之间的相似和差异，接下来讨论如何根据商业模式定位和构建 AI/ML 产品。构建 B2B 产品与构建 B2C 产品不同。

7.2　B2B 与 B2C：产品化的商业模式

　　在构建和推出产品方面，B2B 和 B2C 商业模式之间存在显著差异，包括领域知识和实验探索的程度。本节将重点关注这两方面，因为这两种商业模式对于 AI/ML 产品的产品化影响很大。可以进一步理解，AI/ML 产品更像是服务，而对这两种商业模式的期望结果有所不同，是因为它们服务的客户群体和满足的需求不同。

　　对于 B2B 产品来说，产品经理需要具备对领域知识的高度了解与专注。由于 B2B 产品通常服务于已经验证过的商业领域，因此产品经理需要证明自己在该领域拥有专业知识，并进行过深入研究，以满足客户的需求。而对于 B2C 产品来说，更加注重实验探索，因为这些产品旨在满足客户群体尚未意识到的普遍需求，而非已存在的商业需求。因此，需要进行大量的实验。本节将探讨这些观点。

7.2.1　领域知识：了解市场需求

　　首先，在 B2B 产品中，领域知识至关重要。这是因为产品的用例非常具体，产品本身解决的是特定行业和领域的商业问题。作为

B2B 产品经理，要在这个领域要取得成功，就需要深入了解客户的需求、工作流程和主要痛点，因为产品要解决的是非常具体的用例。这并不意味着产品经理必须来自特定的行业，但他们需要花费大量的时间与客户群体建立共鸣，以提高工作效率。

这个过程包括：进行客户访谈、跟踪行业趋势、了解市场竞争格局以及竞争对手为其客户提供的优势和特性，这些都是建立产品在竞争领域中的可信度所需要的工作。同时，也需要预先了解产品所服务的各种用户类型。这个领域的产品经理需要花时间明确购买者和用户的角色，并确保了解他们的个性化需求、问题及要完成的任务，才能为产品构建打好基础。

B2B 客户的期望很高，因为这个领域可能有很多竞争对手的产品可供选择。在许多情况下，这些客户正在经历多轮的投标(Requests for Proposal，RFP)和深入的概念验证(Proof-of-Concept，PoC)过程，以确保所购买的产品能满足他们的需求。对于一款 AI/ML 产品来说，这些验证会给公司带来一定的成本，因为首先需要从客户那里获取足够的样本数据，然后用这些数据训练模型，再在产品的性能达到可接受水平后向客户展示产品及其功能。

B2B 产品通常会受到很多关注，每个客户都可能对产品有自己的期望和异议，所以在打造 B2B 产品时，需要关注多个视角。这也意味着在开发过程中，需要考虑每个发布版本是否包含影响客户工作流程的功能，因此要时刻注意发布的频率和内容。

产品经理逐渐建立这种领域知识，并让自己和组织在所服务的领域成为专家。因为专业领域是一个紧密的圈子，一旦一个产品及其领导团队产生影响，就会在专业界逐渐传播开来。产品经理的专业知识越多，在内部和外部建立的可信度就越高。

这进一步强调了对于 AI/ML 的 B2B 产品有着相当高的期望。用户和购买者会对支持 AI 产品的技术栈进行仔细审查，关注其性能和准确性，并希望理解其可解释性与产品工作原理。与此同时，他们还会测试和比较其他 AI/ML 解决方案。这也意味着产品经理必须

对产品发布非常谨慎，确保在推向生产环境时没有性能问题，因为
其他企业的运行依赖于该产品。

在与客户相关的每个阶段，都需要妥善管理客户期望。B2B 产
品存在于一个庞大的生态系统中，使用一个产品的公司可能会将该
产品的输出传递给其他工作流程或他们自己的客户。这就要求 B2B
公司必须维护自己公司和产品的声誉，让营销工作更加透明。这
也给 AI/ML 产品团队带来了更大的压力，他们需要避开黑箱算法，
并销售能够经得起验证的产品。B2B 公司的客户有着巨大的影响
力，因为有很多方面的利益关系；而 B2B 产品可以从高参与度的
客户那里获益，而这些客户希望看到他们的产品性能达到一定水平。

7.2.2　实验：探索群体的需求

在 B2C 产品中，由于所服务领域的门槛较低，因此面临的市场
压力相对较小，但这也带来了另一种压力：要打造一个能够吸引广
大客户的产品。扩大目标群体的范围，需要更多关注其他方面。作
为 B2C 环境下的产品经理，需要更多地以实验性的方式理解产品和
所服务的市场，并通过追踪用户如何使用产品获取对于用户需求的
洞察。可以进行焦点小组讨论、培养 beta 测试用户，或通过产品内
部的调查来与客户进行交流，但由于无法像对待 B2B 产品那样进行
面对面的客户访谈，只能通过客户在产品中的行为来理解其对产品
的印象。

这种商业模式下，使用产品的人也是购买产品的人。理解客户
群体的主要动力、愿望、希望和梦想成为一项非常模糊的任务，因
为产品经理要抓住的是所有用户共同的潜在需求、痛点和爽点。产
品经理需要有与用户产生共情的能力。由于 B2C 用户不会签订像
B2B 产品那样长时间的合同，因此需要保持这些用户的兴趣，以防
他们随时离开。这给产品、领导和开发团队带来了压力，需要不断
提供让客户留下并选择产品的理由。

B2C 产品能够提供整体视角，这意味着产品经理在数据分析和

指标方面必须非常审慎。投资于了解客户的终身价值和获取成本，并跟踪这些指标，是在 B2C 领域保持盈利和可持续发展的关键。B2C 产品为产品经理提供了一个便利的机会，可以运用 AI/ML 吸引和留住客户，因为产品与最终用户的交互非常有限。在 B2C 领域，产品经理还需要关注消费者的人口统计特征和个性化特点，以更好地了解应该构建什么样的产品。如果产品经理发现产品主要吸引某个地理区域、性别、年龄或子类别的人群，可以在构建产品路线图中的功能和发布计划时针对他们进行设计。

AI/ML 产品在本质上是实验性的，因为产品经理希望 AI/ML 的应用能对产品产生最显著的影响，并使投资值得。对于 B2C 产品来说，这一点尤为重要，因为 AI 能够为消费者省钱或带来欢乐，同时基于产品的数据决定如何调整产品。B2C 产品经理需要根据数据和分析，定期做出关于产品的全局决策。尽管这在很大程度上正在发生变化，但在传统的 B2B 领域，市场营销工作主要面向购买者，因为他们是最终决策者。而在 B2C 领域，市场营销工作与从数据中推导和推断出的人群信息直接相关联。

实验性产品固然有趣，但最终必须取得成果。对于 AI/ML 消费者产品而言，面临的最大压力是要表现出色，保持庞大的用户群体，并让消费者满意。这意味着消费者希望使用一个能够按照承诺的方式运行并且体验良好的应用程序。因为他们不像 B2B 客户那样关注使用产品的潜在风险，消费者更关心产品的实际效果，而不是其原理。因此，在 B2C 领域，可解释性问题并不那么重要，黑盒或深度学习算法的应用也不会受到严格的审查。

B2B 和 B2C 的商业模式都面临着各自的挑战，但归根结底，无论哪种商业模式，都必须充分了解客户，以创造真正为客户带来价值的产品。一旦开发出对客户有价值的产品，就进入了一个新阶段。在这个新阶段连续地提供这种价值，以赢得客户，并长期保持客户的忠诚度。7.3 节将介绍使用机器学习运营(MLOps)或 AI 运营(AIOps)持续提供价值所必须的要素。在本书中这两个术语将交替使用。

7.3　一致性和 AIOps/MLOps：信赖与信任

在内部产品团队以及与客户群体之间保持信任、依赖和一致性，就像进行一项特定的仪式。获取干净的数据，追踪数据在基础设施中的流动，跟踪模型的训练、版本和实验，制订部署计划以及监控推送到生产环境的流程等，都是到必要的工作，用以确保对 AI/ML 流水线的掌控。这种将这些工作仪式化的过程被称为 MLOps 或 AIOps。本节将探讨 AIOps/MLOps 的好处，以及它们如何帮助产品保持一致性。

负责管理一个机器学习流水线，需要学会依赖 MLOps 团队并为产品团队的成功做好准备。没有人希望陷入 10 分钟内损失 2 万美元，却对问题的根源一无所知的局面。至少，能够知道问题出在哪里。MLOps 能够帮助创建、管理和扩展机器学习流水线本身，并大规模处理敏感数据。影响客户对产品的依赖和信任，是很危险的。MLOps 对业务最大的贡献是保持所需要的一贯性，以打造一款持久的 AI/ML 产品。

本章详细讨论了产品化以及在不同 AI 产品管理环境中的呈现方式，而实际上，MLOps 才是实现产品化的关键。将一个服务拆分成更小的部分，并对其进行管理和标准化，使其成为可复制和受规定管控的组成部分，这就是"产品化"的工作。在这个意义上，MLOps 实际上是用来真正实现 AI/ML 产品化的工具。为了建立客户对产品期望的一致性和可信度，MLOps 的流水线要紧密地融入产品流水线。你永远无法预知何时需要回滚到特定的模型版本，或者聚焦于一个拥有恰当因素组合的实验。MLOps 为团队创造了组织环境，并聚焦于组织的需要，以便能够支持各种实验。

本节介绍了创建 MLOps 组织以帮助跟踪 AI/ML 流水线的好处，现在探讨如何在此基础上进行扩展，并评估所使用的模型的状态。7.4 节将进一步介绍一些关于测试、重新训练和超参数调整的概念，以确保 AI/ML 流水线定期进行刷新和优化，提高性能。

7.4　性能评估：测试、重新训练和超参数调整

　　MLOps 强调对模型进行重新训练和超参数调整，以提高性能的重要性。如果没有完善的 AI/ML 流水线定期进行验证、训练和重新训练，就很难掌握产品的性能。MLOps 团队主要由数据科学家、机器学习和深度学习工程师组成，他们的任务是调整模型构建的超参数，测试这些模型，并在需要时进行重新训练。这需要与满足测试的数据管理以及产品接口的代码库相结合进行。

　　除了对模型进行测试和验证，对数据进行清理和探索，MLOps 团队成员通常还进行软件测试，如代码测试、单元测试和集成测试。有时，AI 产品实际上是传统软件产品，其中包含传统软件开发中更大生态系统的子系统的 AI/ML 特性。MLOps 在很多情况下可以确保整体产品在功能上与 AI/ML 的交付成果和输出相匹配。

　　MLOps 在降低风险方面也有重要作用，就是减少数据漂移和系统退化的风险。前几章介绍了几种不同类型的漂移，这是一种潜在的风险，甚至毫无征兆。模型退化可能由多种原因引起：也许训练数据和生产数据之间的假设存在差异，也许数据本身发生了变化，也许训练数据中存在未被察觉的偏见。无论原因如何，通过 MLOps 对生产中的模型进行持续监测将是最好的预防方式，能够及时察觉 AI/ML 输出中的微妙变化，从而尽量减少机器学习流水线中各种问题带来的风险。这样，能最大程度降低潜在问题对机器学习流水线的影响。

　　在第 1 和第 2 章，介绍了持续维护的概念，包括持续集成 (Continuous Integration，CI)、持续部署 (Continuous Deployment，CD) 和持续测试 (Continuous Testing，CT)。这些是 MLOps 的基本领域，与传统软件开发中常见的 DevOps 相对应。首先，MLOps 中的持续集成不仅仅是测试和验证代码，还包括对模型、数据架构和数据样本本身进行验证和测试。其次，持续部署不仅仅是部署软件包，还包括构建一个自动化的机器学习流水线部署过程，该过程针对部署

模型预测服务进行优化,并在出现问题时可以自动回滚到早期版本。最后,持续测试不仅仅是测试软件包本身,还包括对正在使用的模型进行重新训练和测试。

本节进一步强调了在 AI/ML 流程管理中建立一致性的重要性,并强调了保持高标准性能的重要性。这是必不可少的。AI/ML 模型的性能和质量可能出于多种原因而受到影响,因此这种持续的性能审查实践旨在确保产品的性能不会以牺牲与开发人员和客户建立起来的信任为代价。7.5 节将讨论维护强大的内外部关系的重要性。

7.5　反馈循环:建立关系

为了实现持久的关系建立目标,需要不断监控和加强复杂系统(如 AI/ML 流水线)的规范性。这个目标涉及企业与客户,开发团队与销售团队,以及 MLOps 团队和领导团队之间的关系的建立。通过构建和推广 AI/ML 原生产品,逐步建立稳固的关系。在 AI/ML 产品中,反馈循环至关重要。培养与产品团队与客户之间的紧密关系是产品经理的核心工作。产品化是将服务、流程、技术或想法转化为适应更大市场的过程。在实现这一目标时,需要进行多层次的工作,这些工作的本质就是一个复杂而精妙的反馈循环。

在维持这个反馈循环时,营销也是一个至关重要的部分。找到合适的话术描述产品并吸引目标受众(也被称为产品语言的匹配)是产品化过程中的重要工作。产品经理需要整理营销资料、广告和销售脚本,向客户和最终用户传达 AI/ML 产品的价值。建立产品资料并通过各种营销和销售渠道进行传播,将有助于与客户达成共识,建立期望。

本节中介绍的,不论是商业用户还是消费者,客户都会有期望,而 AI/ML 产品经理的任务就是理解这些期望并提供像样的解决方案。了解 AI/ML 的风险和潜力,以及与传统软件开发的比较,了解商业模型中的挑战和机遇,将这一切转化为可复现、可重复的内部任务，并展示满足客户需求的产品稳定性，这就是将 AI 原生产品产品化的工作。如果拥有一批忠诚度很高的忠实客户，且那就证明产品经理成功地完成了这项工作。

7.6   本章小结

产品化的过程涉及将一个概念、一个服务或一项技术开发成商业产品，以吸引目标客户。正如本章所述，这项工作并不仅仅是让产品运行起来，为潜在客户创建一个落地页那么简单。产品化需要深入理解商业模型和最终受众。记住，AI 产品相当于将 AI/ML 服务嵌入传统软件产品。因此，产品化 AI 产品的另一个重要方面是以可重复、可预测的方式对 AI/ML 服务进行标准化和规范化，以满足内部运营团队和客户的需求。

如果你能够了解市场，建立内部结构以确保 AI/ML 流水线的输出一致，并通过市场营销工作以及产品的性能来传达这种一致性，那么你就能实现产品化。但光靠产品化可能还不够。根据所服务的具体市场情况，还需要进一步定制产品，以适应特定的用例、垂直领域、客户群体和其他同行群体。由于 AI/ML 模型的性能非常依赖于训练数据，在应用某个模型时，性能可能会因为数据集不同而有所差异。此时可能需要进一步进行专业化。如果发现你的产品和市场存在这方面问题，继续阅读第 8 章，第 8 章会深入探讨定制化的概念。

第*8*章

面向垂直领域、客户和同行群体的定制化

本章将探讨产品如何根据不同行业、客户和同行群体发展和定位。目的是理解如何开始思考在为特定人群定制 AI 产品时产品经理扮演的角色，以及最终 AI 能为这些群体带来什么。尽管 AI 和机器学习非常强大，但它们的价值需要针对性的应用才能体现。产品经理的工作就是尽可能清晰地向每个人展示这个价值——从客户到开发人员。

产品经理的角色十分多元化，本质上是综合型角色。产品经理需要参与产品设计，随着产品的发展组织工作流程，分析客户的反馈，并将这些反馈融入整体业务目标。此外，产品经理还需要不断研究新方法和改进方式，构建与公司战略一致的全面产品策略，并与各个层级的利益相关者、开发人员和领导层进行有效沟通。要胜任这个角色，产品经理需要对产品及其成功有深入的理解、参与度和责任感。

将产品经理的角色与 AI 产品经理相结合时，需要考虑几个方

面。需要了解在机器学习算法和数据模型方面的可选方案，理解 AI
在满足验收标准和关键指标方面的作用。此外，还需要对数据隐私
和 AI 伦理有所了解，以确保所构建的产品不会对客户或整个业务
造成伤害。

首先，作为 AI 产品经理，需要具备一定的数据素养。需要学
会如何运用数据，如何将数据应用到特定场景，并且对统计学和数
据模型有一定的理解。这至关重要，可以确保你作为 AI 产品经理
有足够的理解力和信心。这些是 AI 产品经理职业生涯的基础。AI
产品经理需要大量使用数据。批判性思维和复杂问题解决能力是构
建一个最符合 AI 产品特定用例的成功产品所必需的。随着本章的深
入，将探讨 AI 在最常见的用例、领域、行业和同行群体中的应用。

本章将包括以下主题。

- 特定领域的 AI 定制化
- AI 产品高度渗透的垂直领域
- 用户行为分析
- AI 产品的价值指标
- 思想引领：向同行学习

8.1   特定领域的 AI 定制化

在讨论领域(domains)时，需要特别关注两个重要领域，花费大
量时间建立可信度。第一个领域是深入了解 AI 概念本身，前面已
经全面介绍过。第二个领域是了解 AI 如何帮助特定领域取得成功。
本章主要讨论 AI 原生产品的构建，将着重介绍 AI 产品经理在开始
构建新的 AI 产品时如何实现这一目标。

产品经理需要根据所在的行业深入了解所处的领域，以充分识
别并了解直接竞争对手和间接竞争对手。这可能简单，也可能复杂，
取决于所从事和所竞争的领域。Gartner 有一个很好的工具叫魔力象
限。魔力象限分为以下四个区域(见图 8-1)。

- 领先者：在市场中已经占主导地位且可靠的企业。它们有最完整的愿景，并具备最高的执行能力。
- 挑战者：在市场上挑战领先者地位的新兴企业。它们的愿景完整度不及领先者，但在执行能力上更有竞争力。
- 远见者：这个群体拥有很多愿景，但执行能力有限，它们与领先者竞争，但无法像领先者那样有快速执行的能力。
- 利基企业：这个群体专注于有限的应用场景，并为特定群体提供良好的服务。它们不会扩大产品范围以实现更高的愿景，也不会激进地开拓更高的市场份额。它们满足于自己的小众市场。

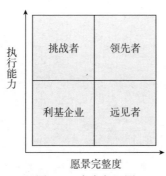

图 8-1　魔力象限图

AI 产品经理在所处的领域中构建一款新的 AI 产品，需要了解这四种不同类型的竞争对手。这四个象限以愿景的完整度为横轴，以执行能力为纵轴。可以使用 Gartner 的魔力象限作为工具，评估组织在市场中的定位，以及最大竞争对手的定位。在 AI 产品的初期阶段，准确判断自己在这些象限中的位置，有助于为新 AI 产品进入市场做好准备。

构建 AI 原生产品时，由于是全新的产品，并进入一个新的市场，因此需要大量的早期工作来构思和定位产品。本节将重点关注产品的市场定位，理解产品设计如何真正为该市场提供服务，以及如何建立一个对市场而言最合理的 AI 产品战略。

8.1.1 了解市场

领导者：对于任何特定领域，领导者都展示了根据最完整愿景执行的成功史。这些顶尖企业会展示在该领域中已经取得的成果，以及满足该领域市场需求的主要方式。这些很有价值，可以了解目标市场中公司的实际需求。领导者还会展示如何持续解决领域的痛点，由于这些痛点已经存在很长时间，其他产品经理可以从它们发布的产品，以及多年来市场对这些产品的反应中学习。作为产品经理，领导者为你在新领域进行研究提供了很好的基础。

挑战者：尽管挑战者展示的愿景不够完整，但它们能够满足市场需求，从领导者那里夺取部分市场份额。这对于你构思产品非常有帮助。如果挑战者能够从领导者那里夺取市场份额，说明存在潜在的问题区域可以利用。这些问题区域是领导者未能充分满足市场需求的领域，而挑战者可以在这些问题区域中找到机会。

在当前阶段，领导者和挑战者可能会选择为它们的产品添加 AI 功能，了解这两个主要群体将有助于构思或规划产品时发现潜在的机会，以解决领域中一些常见问题或长期存在的薄弱环节。

利基企业：利基企业在愿景的完整性和执行能力方面并不突出，但这正是赋予它们特殊能力的原因，因为利基企业能够挖掘边缘案例的存在。在构建和设计产品时，产品经理可以结合这些案例识别出潜在已经得到验证的功能或用例。这些边缘案例可能非常小众，以至于挑战者和领导者没有将其纳入其产品系列中，但对于新兴产品来说，这些信息可能非常宝贵。了解你所在领域中的利基市场将揭示出当前未开发或未满足需求的潜在增长领域。

远见者：远见者对于其产品系列以及(可能是)整个领域都有清晰的愿景。远见者能够展示所在领域中产品潜在的特性，并且很可能涉及一些在该领域中最前沿的功能。作为 AI 产品经理，可以在这里看到大多数直接竞争对手，因为在大多数领域中，AI 功能还在慢慢被接受，大多数竞争对手正在开始尝试使用 AI 功能。

如果你在自己所在领域刚开始涉足 AI，并且能够参与产品战略的制定，了解在所在领域的远见者将是一个很好的起点。现在的远见者可能会成为明天的领导者，所以最好理解这些领域中的成员。

不管是否进行市场调研，产品经理都需要对所在领域有一定的了解，这样才能全面了解竞争对手、它们试图解决的问题以及产品所面对的客户群体。与营销团队合作或全面了解竞争环境对于构建 AI 产品至关重要。为了打造有价值的产品，产品经理必须解决与 AI 相关的客户痛点。

除了解决客户的痛点，产品还需要收集客户数据。产品经理不仅要构建一款解决客户问题的产品，还要改进产品功能以更好地利用从客户那里收集到的数据。本书将在 8.3 节进一步讨论这方面内容，但要记住，在进行市场调研时，了解收集多少、收集何种类型的客户数据以及如何使用这些客户数据，都是产品经理需要完成的工作，这样才能充分了解产品所服务的市场。

这是产品设计和产品策略早期构思的先决条件。

8.1.2　产品设计与市场服务

在对领域、主要的企业、各企业如何利用 AI，以及所在领域中主要的痛点有了深入的理解之后，产品经理就可以准备开始进行产品构思了。这个过程伴随着一系列的活动。在绘制产品框架图、构建初始产品策略、制定路线图之前，产品经理需要考虑清楚为什么要使用AI解决市场问题。在没弄清楚这个问题的情况下，就试图构建 AI 产品来解决市场问题，风险非常高。

现在有非常多的创业公司纷纷投身于 AI，但其实大多是为了以此获得融资。然而，构建一款在市场上表现良好的 AI 产品，光有融资是不远远够的，需要更多的实质内容才能构建 AI。在着手借助 AI 开发一款能够解决客户所有问题的产品之前，产品经理需要先回答一个根本性问题：为什么要使用 AI 呢？

明确了为什么要使用 AI 解决客户的问题，才具备了市场营销的基础。在当前 AI 浪潮中，仅仅拥有具有 AI 功能的产品是不够的，还需要在自己的领域中积极宣传 AI 技术的重要性。当然，虽然某些行业和领域已经广泛应用了 AI 功能，但在其他大多领域中，你是 AI 产品的先驱者。因此，"为什么要用 AI"这个问题会一直被你的客户、竞争对手，或者内部设计和建设团队提出。

在开始构思产品时，需要牢记这个答案与客户的主要问题，始终以客户为中心，专注于传达产品价值。在构建产品的初期版本时，要不断询问 AI 如何帮助你解决客户最难受和重要的需求。产品经理是公司内部的原动力。产品构思和解决方案的探索，也能够激励领导团队。专注于为什么要使用 AI 以及客户的主要问题，不仅让产品经理保持专注，还能让领导团队保持专注。

产品经理要确保领导团队、市场推广(GTM)、业务拓展和销售团队以及开发团队都对客户需求和 AI 解决方案保持共识，这样整个利益相关者团队才能专注于产品主要目标，即构建符合市场需求的 AI 产品。对于产品经理来说，这是显而易见的，但是随着日复一日地进行产品构建和迭代工作，很容易迷失主要目标。作为 AI 产品经理，需要掌握许多专业技术，同时，在进行产品设计、AI 算法选型等工作时保持这种专注，是非常重要的。

8.1.3　制定 AI 产品战略

完成用 AI 解决客户和市场主要痛点的产品设计工作之后，就可以开始制定整体产品战略。MVP 起步之后，产品经理需要为产品愿景制定一个发展方向。在 Gartner 魔力象限中，愿景的完整性是一个主要维度。原因是，可开发的市场存在各种需求，复杂性也各不相同。产品 MVP 只能解决其中一小部分需求。领导层和公司目标可能并非要解决市场上所有的需求，因此，产品经理需要与领导团队共同明确针对整个市场所追求的目标，因为这将直接影响产品战略。

记住，产品战略的制定是产品经理的责任，而公司目标的设定则取决于领导层。在很多方面，领导团队是为产品提供关键输入(即公司目标),这些目标将帮助产品经理构建一个与公司业务目标相一致的产品战略、愿景和路线图。一旦产品经理将这些整体的公司目标转化为产品愿景、战略和路线图,就可以与开发团队沟通,并开始构建实际的产品。这样构建的 MVP 才能得到所有相关利益相关者的认可,并满足公司将产品推向市场的最基本解决方案。

为了构建能够与市场共同发展的产品战略和愿景,产品经理需要了解市场的变化情况,并了解市场的发展方向。每天都有无数关于特定行业和领域趋势的文章发布。作为 AI 产品经理,需要及时了解这些信息,以便清楚地了解市场的变化和演变。内部利益相关者和客户都会寄望于你在思想引领和沟通方面发挥作用,希望了解公司或产品组合如何与市场共同成长。在当下充满挑战、不断演变且不可预测的市场中,密切关注这些市场趋势,特别是与 AI 战略相吻合的趋势,对于推进产品战略的发展是必要的。

如今,许多领域可能存在成百上千个竞争对手。尤其是许多初创公司的涌现和远程工作的普及,几乎每个领域都不断涌现新的公司。作为 AI 产品经理,你面临的挑战和机遇在于能够用符合客户需求的方式传达公司的产品价值,使用他们熟悉的技术术语和行话,能够展现 AI 产品不可取代的优势。

在介绍一些常见的用例之前,需要强调一个重要观点:AI 具有极高的可定制性。AI 的基本构建模块是数据,而数据的处理实际上决定了 AI 拥有的能力。如果 AI 产品经理能够通过产品创新解决客户的主要问题,就可以根据客户的具体需求构建高度定制化的解决方案。

在接下来的十年里,将看到应用 AI 的新方式,以完美地解决特定领域的问题。如果发现还没有很好的解决方案,可以自己试试能否构思一个。如果你能够实现,则可以在该领域中获得思想领导权和不断增长的客户,并且在这片未知领域中创造了有价值的东西。虽然许多人仍然把应用 AI 看作荒芜领域,但我们知道到 2030 年将可以看到一些令人惊叹的 AI 突破和用例,这些用例甚至我们现在还无法想象。在这个新兴领域中，保持好奇心和创造精神非常重要。

对于许多 AI 产品经理来说，可能已经在自己的领域有了一定的熟悉度和信誉。通过为公司、组织或行业带来新颖的东西，AI 产品经理可以在自己的领域建立声誉。AI 是一个机会，但首先要清楚为什么使用 AI，而不仅仅是为了市场推广，只有这样，产品才能在竞争中脱颖而出。了解市场需求，了解产品将如何解决需求，并制定并对齐产品战略，将所有这些因素融合成前进方向，才能确保 AI 正确应用于所选领域。

无论处于哪个领域，这一观点都适用。在 AI 应用方面，某些领域可能更加先进，这会使 AI 产品经理的工作更具有挑战性，因为 AI 的各发展层次都会带来一系列独特的挑战和机遇，但不管怎样，处理的过程是相同的。如果所在领域在 AI 应用方面较为先进，需要更加关注竞争对手在解决特定需求时对 AI 功能的应用，并决定完善自己的产品策略时的发展方向。如果所在领域相对较落后，则可以从其他行业寻找 AI 应用的灵感，并且可以通过推出自己的产品在市场上产生更大的影响力。

无论哪种情况，只要能够将所学的知识应用到实际中，为所在领域提供目前市场上尚缺的产品，就能拓展市场。作为 AI 产品经理，并不需要在 AI 的各个领域都成为专家，但需要对所在的市场以及最适合应用 AI 的具体用例的 AI 功能、策略和算法有足够的了解。

一旦取得进展，就需要确保市场能够接收到产品更新的信息。无论是通过客户、会议和展览、广告、营销信息，还是通过自己的宣传努力，目标都是让所在领域注意到产品，需要宣传领域中存在的问题，以及为什么 AI 产品最适合解决这些问题。

现在，花了一些时间了解如何最好地根据市场定位产品，以及构建 AI 战略来满足潜在客户的需求。接下来，看一下最常见的 AI 应用领域。每个领域都有一系列经常出现的热门用例，这些用例可以体现 AI 为特定领域带来的最大好处。

8.2 AI 产品高度渗透的垂直领域

前面讨论了在领域中如何定位 AI。本节将着眼于三个具体的垂直领域，即金融科技、医疗保健、网络安全，这些领域已经广泛应用 AI 技术，通过这些案例可以展示 AI 发展的趋势。了解 AI 在这些垂直领域应用的方式和原因，可以对如何在其他领域应用 AI 有所启发。下面探索这三个垂直领域中 AI 的应用情况。

8.2.1 金融科技

毫无疑问，在金融科技领域，AI 的变革是最迅速且最重要的。如果在特定的用例应用得当，AI 可以使成本显著节约或收入显著增长。UnivDatos Market Insights 近期的报告指出，"由于对欺诈检测、虚拟助手、便捷交易以及快速即时查询的聊天机器人的需求不断增加，在金融科技市场 AI 预计将以 30%的速度稳定增长"。

下面介绍一些在金融科技领域中最典型的 AI 用例，这些用例推动了其快速应用。

1. 聊天机器人

聊天机器人或对话型 AI 使用自然语言处理(Natural Language Processing，NLP)通过情感分析等方式处理更多的客服工作。NLP 由两部分组成，分别是自然语言生成(Natural Language Generation，NLG)和自然语言理解(Natural Language Understanding，NLU)。这些语言模型用于寻找终端用户的需求模式，以便提供相关信息，如集中的知识库、常见问题页面，或帮助公司更好地了解客户的需求。与机器学习和深度学习处理数据点不同，NLP 的数据点就是单词本身，其方向和排列已被优化。

金融科技领域的企业可以利用聊天机器人优化其他方面，例如通过金融科技应用程序获取客户反馈、实现流程自动化和缩短等待时间。它们还非常适合捕捉不同年龄段用户的情感，例如年轻一代更倾向于通过数字方式进行互动，不喜欢迅速通话。美国银行的Erica 聊天机器人，其便捷性使其已经吸引了 100 万用户，公司正计划进一步增强其 AI 功能。除了金融科技领域，聊天机器人也经常用于协助呼叫中心和客户服务部门。

2. 反欺诈

这是一个重要的问题，因为账户发生欺诈行为时，许多金融机构都面临风险。因此，在金融科技领域中，AI 的主要应用之一是更高效地发现欺诈行为。在这种应用场景中，AI 用于检测账户异常，以便在发现超出现有客户行为模式的活动时，能够更快地向银行和其他金融机构发出警报。这项技术也被用于检测洗钱和其他非法活动。

反欺诈检测并不像构建聊天机器人那样简单明了，因为它很可能涉及多个层次的 AI 工具共同协作。它更像多个解决方案的结合。首先，会使用持续数据挖掘技术，以发现客户数据中是否存在明显可检测的模式。同时，使用基于规则的系统，在挖掘数据时寻找异常。此外，很可能还会使用无监督的机器学习模型，以寻找数据挖掘之外的模式，并将活动分组，以便后续分析。通常还会使用神经网络，从已验证的可疑模式中学习，以发现欺诈行为。

由于网络安全领域极为复杂，欺诈行为可能来自多个渠道。欺诈行为可能来自客户自身，也可能是冒充客户的人、恶意机器人攻击、钓鱼攻击及其他骗局。金融科技机构需要通过多层次的 AI 来应对所有这些潜在的网络犯罪。建立这种深度运作的系统很昂贵，但相比每年金融科技行业因欺诈而损失的 5100 万美元，运行这样的系统的成本微不足道。在欺诈检测方面，还需要考虑时间因素，所以金融科技企业往往要寻找已发生的欺诈行为，发现正在发生的欺诈行为，并在欺诈发生之前发现并阻止欺诈行为。

3. 算法交易与预测分析

AI 在高频交易(High-Frequency Trading，HFT)等领域发挥着重要作用，能够提供快速交易并提高交易准确性。机器学习模型可以有效预测市场走势，帮助算法进行交易竞标，预测每天最佳交易时机，并基于历史数据建立预测模型，以判断价格可能的上涨时机。除了为客户实现更好、更成功的交易，AI 应用的另一个重要驱动因素是算法交易有助于减少情绪波动或心理压力导致的交易错误，从而减少交易的波动性。

尽管算法交易依赖一系列指令做决策，市场上也有很多解决方案可以做到这一点，但其背后支撑的核心技术是基于预测分析的。金融科技公司能够处理大量数据，并致力于改进其机器学习模型，即使是准确度或精确度的微小提升，也可能带来数百万美元的成本节省或利润提高。无论是初创公司希望将潜在客户转化为销售机会，还是银行希望根据信用评分提供贷款，金融科技都在不断利用预测分析从新数据和历史数据中学习，为大部分决策提供支持，以了解潜在客户交易对自身的长期价值。

8.2.2　医疗保健

医院和医疗网络经常面临人员短缺的问题，而医疗保健领域也正积极拥抱 AI。除了人员短缺问题外，人为错误也是影响完美医疗的一个昂贵障碍。由于对人员的需求不断增加以及许多医疗活动都是生死攸关，AI 成为医疗领域中应对重要挑战的有力工具。从图像识别和诊断到药物研发，AI 在医疗领域发挥着重要作用。

1. 医学影像与诊断

医学影像领域利用监督和无监督的机器学习模型来识别、分组和定位医学图像，以更好地理解哪些图像中的细胞可能是癌细胞，具有危险性。此外，随着医疗记录的数字化，需要分析和学习的数据量也非常庞大。大量来自MRI、CT 扫描、心电图和超声波的图像数据可以进行大规模分析。AI 能够帮助解读医学影像，包括已有的图像和人们在医疗活动中产生的新图形和图像。随着获取的样本越来越多，AI 在检测异常情况方面的准确性也会不断提高。随着时间的推移，模型将进一步优化，未来大多数医生的诊断都将在 AI 的辅助下完成。

由于正在分析的数据量巨大,而且这些模型的用例非常专业化,因此算法正在不断优化以提高精确性和效率。像 IBM Watson Health 这样的 AI 应用程序,在诊断方面的作用越来越大。特别是随着诊断和治疗应用程序的兴起,摄像头能够出色地捕捉人眼无法察觉的微小瑕疵和异常。因此,随着医生和患者继续使用这些应用程序共同应对健康问题,并且随着数据的进一步收集和集中化,我们将逐渐看到更加准确的诊断结果。

2. 药物研发与研究

药物研发与研究一直以来都是非常耗费时间和精力的过程。过去可能需要数年甚至几十年的时间,但如今借助 AI,这一过程可以加速。我们都见证了 AI 在应对新冠疫情和加速疫苗研发方面的应用。根据美国国家医学图书馆(National Library of Medicine)的数据,AI 在识别疾病群集、监测病例、预测未来爆发、评估死亡风险、诊断 COVID-19、通过资源分配管理疾病、提供培训支持、维护记录及研究疾病趋势方面都取得了成功。

Moderna 的首席数据和 AI 官员提供了有关在药物研发和研究阶段使用 AI 的深入见解。在详细介绍在药物研发过程中利用算法时,他强调了这个过程的复杂性以及将产品推向市场的诸多挑战和机遇。即使在特定的应用场景中,很少只使用一个 AI 算法,通常需要根据问题的不同选择不同的算法。

8.2.3　网络安全

网络犯罪日益增多,网络安全仍然是 AI/ML 技术最常见的应用领域之一,这是因为网络罪犯是持续的且诡计多端。网络安全的本质不断变化,这意味着公司需要与潜在对手保持步调一致。数据泄露事件层出不穷,而令人担忧的是,没有发现的攻击数量恐怕更多。

8.3 节将讨论网络安全中使用的两种常见用例:异常检测和用户行为分析(User and Entity Behavior Analytics,UEBA)。

8.3　用户行为分析

揭示异常模式及其变化是异常检测的核心。在网络安全领域，建立一个基准规范，并通过与其的偏离来进行异常检测。一旦发现异常，系统将采取相应行动进行纠正。通常，如果网络攻击来自内部，并且采取了巧妙的手段，可以隐藏痕迹。然而，通过用于异常检测的先进模式识别技术，AI 系统能够识别用户或角色的行为是否与正常用户相符。

探究各个行业的用例时，可能会注意到一些模式，它们反映了支持 AI 应用的底层技术。其中一个重要的用例是用户行为分析(UEBA)，在很多方面，它是所讨论的许多用例的核心。作为 AI 产品经理，了解用户行为分析的作用以及如何在产品内外应用它，将非常有帮助，特别是在功能迭代的运营阶段。

用户行为分析可以视为一种洞察力网络，基本上通过汇集所有用户的行为以及由这些行为产生的数据来收集信息。一旦对所有这些数据进行集中分析，就能够提供深入的见解，同时为单个用户和所有用户提供基准。这使查找异常或新模式变得更加容易，而无论变化是什么。你可以建立触发器或行动，以便在发生需要关注的事情时提醒用户或内部工作人员。

如今，企业需要比以往更加警惕，但很多公司没有足够的人力和预算来真正应对这种潜在的风险，这就是数据泄露事件时有发生的一个重要原因。这也是网络安全领域如此迅速地采用 AI 的原因之一：它正好适用于这个领域。在资金不足且人力短缺时，可以应用 AI 并使其发挥作用。

8.4　AI 产品的价值指标

无论 AI 产品处于哪个行业、垂直领域或同行群体，在向技术人员介绍产品的功效和成功之处时，都需要建立一种方式来衡量产品的成功，具体可以是价值(商业)指标、关键绩效指标(Key Performance Indicator，KPI)、目标关键成果(Objectives and Key Result，OKR)，以及一些技术指标的组合。如果 AI 产品成功没有基准,也无法对 AI 进行跟踪,就无法知道团队表现是否有所改善(以及改善了多少)。

接下来，将讨论如何收集评估产品有效性的各种指标。对于 AI 产品来说，决定要跟踪哪些指标，如何描述，以及为哪些受众定制特定指标，是产品策略和市场营销的重要组成部分。

8.4.1　OKR

在为 AI 产品定义成功时，需要从技术和业务层面上设定一些 OKR，以便跟踪 AI 产品是否朝着期望的方向发展。在产品管理中，OKR 被广泛用于跟踪实现高层业务目标的进展。产品经理可以选择两到三个目标作为起点，并为每个目标设定三到五个关键结果。

这样做的目的是展示产品的哪些具体结果影响了产品的首要业务目标。假设你正在支持一款 AI 网络安全产品，并希望通过产品在实现网络安全方面取得的关键结果，来减少欺诈检测算法导致的错误和负面情况。

产品经理需要每个季度设置这些目标，并经常参考，因为在每次产品发布过程中，这些目标将是最受关注的焦点。在产品规划会议，产品经理根据路线图中计划的功能、客户反馈、市场反馈及领导层的最新发展目标，制定新的 OKR。这样可以确保产品目标与反馈循环相一致，以确保构建的产品在领域和市场中有价值。

8.4.2　KPI

KPI 应用广泛，并且随着时间的推移，KPI 逐渐增加，因为发现了新的重要指标。其中一些最常用的 KPI 与衡量客户或员工满意度、测量时间或准确性、计算购买某商品的成本效益或投资回报，或者达成与公司目标相一致的指标等有关。此外，KPI 还可以分为战略性、运营性和功能性等类别，它们可以是针对整个公司的指标，也可以是公司在特定时间框架内的运营指标或者特定部门的高层指标。

在商业领域工作一段时间后，会在许多情境中接触 KPI 或价值指标，本节将专门介绍一些常见的 KPI，这些 KPI 可能有助于产品经理决定如何最好地跟踪和传达 AI 产品的达成情况。

无论是在业务中使用 AI 程序，还是将 AI 程序作为 AI 产品特性的一部分，下列 KPI 都可以用于维护和监控 AI 基础设施的运行状况。了解这些指标将有助于传达 AI 活动的达成程度，这对于 AI 运营(AIOps)非常重要。

- 平均检测时间(Mean Time To Detect，MTTD)：这是计算产品识别潜在问题所需要的平均时间。我们希望随着时间的推移，该指标不断减小。
- 平均确认时间(Mean Time To Acknowledge，MTTA)：这是计算确认问题并确定解决人员所需要的平均时间。我们希望随着时间的推移，该指标不断减小。
- 平均解决/修复时间(Mean Time To Resolve/Repair，MTTR)：这是计算实际解决问题所需要的平均时间。我们希望随着时间的推移，该指标不断减小。
- 平均故障间隔时间(Mean Time Between Failures，MTBF)：这是计算故障之间的平均时间，以了解 AI 程序的正常运行时长。我们希望随着时间的推移，该指标不断增大。
- 工单与事件比例：一个事故可能会产生多个工单，该指标旨在衡量客户在一个问题上所创建的工单或日志数量。我们希望随着时间的推移，该指标不断减小。
- 服务可用性：AI 程序在没有问题的情况下正常运行的时间。我们希望随着时间的推移，该指标不断增大。
- 自动化与手动解决：这主要是标记哪种响应是手动的或自动化的，以便机器学习程序可以优化未来的策略，并从过

去的解决方案中学习。我们希望随着时间的推移，该指标
不断增大。

- 用户报告与自动检测：这是客户报告问题与产品自动检测
  发现问题的比例。我们希望随着时间的推移，该指标不断
  减小。

8.4.3　技术指标

以下是一些常用的技术 KPI 指标，用于评估机器学习模型的准
确性。

- 分类准确度(精确率、召回率和 F1 得分)：有些公式可以计
  算模型有多少次是正确的。精确率是指所有被预测为正的
  样本中实际为正的样本的比率，召回率是指实际为正的样
  本中被预测为正的样本的比率，F1 得分是两者的组合。
- 均方根误差(Root Mean Square Error，RMSE)：回归模型错
  误率的平方根。
- 平均绝对误差(Mean Absolute Error，MAE)：错误率的平均值。

还有许多其他指标可以跟踪。例如，针对数据源的数量或可用
性的指标类别，对 AI/ML 组织的性能或鲁棒性的定性或定量分析，
与产品营销输出或模型可用性相关的指标。除此之外，还有用户使
用程度的指标，用于了解某些团队如何在内部使用产品。定义业务
目标是一项高选择性和定制化的活动，并依赖于企业最高的理念：
最好地服务于客户和市场。

8.5　思想引领：向同行学习

本章的开头讨论了在你的领域中打好基础，并尽可能理解领域
中具体的痛点，目的是构建一款能够长期服务于该领域的 AI 产品。
通过构建一款功能出色、满足客户需求并采用先进技术的产品，可
以在领域中快速建立信誉，并传播思想领导力。

你可能会选择在领域担任领导者角色，以在行业中树立声望。在现今充斥着各种知识中心、白皮书和产品简介的环境中，许多公司都选择扮演行业思想领袖的角色。这种选择可能出于市场营销、吸引潜在客户、提高声誉的目的，或者仅仅是因为他们乐于分享自己的知识和成功经验。

关于公司的决策和重大障碍，是否选择对外开放，这取决于产品经理和领导团队。是选择成为领域中的榜样？还是选择保持沉默，对算法秘密、内部问题及成功案例守口如瓶？企业之间不断相互学习，在行业中成为真正的思想领袖，可能会带来一些财务和设计方面的成本(尤其是泄露太多信息的话)。所有事情都充满风险，有时候需要适当接受风险，才能获得开放所带来的好处。

正如前文多次提到的，目前应用 AI 产品的时代才刚刚到来。我们尚无法完全了解未来的用例，以及哪些用例可以为企业带来极大的增长和成功。创新和技术进步的精神是通过示范推动的。每个用例和应用范例都能够帮助我们挖掘新的用例。AI 的新颖性带来了对可能性的期待。

特别是在人们还在担忧 AI 是否能够解决人类所有最重大问题时，也许正是企业、产品经理、技术人员和企业家应该体现出这种合作精神的重要性的时候。AI 产品将科学、数据、技术和人性结合在一起，并已经展现出巨大的潜力。如果选择开放，分享工作经验和案例，无论是直接还是间接的，那么带来的好处不仅仅会让你或你的组织受益，还会让所有人受益。

8.6 本章小结

本章主要关注 AI/ML 产品的市场、定位和常见用例。介绍如何优化 AI 并在特定领域和市场应用，以及在许多垂直行业应用 AI 的常见方法。通过这些用例，可以看到企业如何通过 AI 充分利用数据并发挥价值。作为 AI/ML 产品经理，不能闭门造车地构建 AI 原生产品。需要定期研究市场和竞争对手，以确保能够提供真正与众不同的 AI 用例，并从竞争中脱颖而出。

第 9 章将在 AI 产品的用例基础上，从整体层面和具体特性层面深入探讨 AI 技术的全景。还会介绍如何使用不同类型的 AI 构建产品，以及相关的成功产品案例。同时，还将探讨一些影响产品的成功的常见挑战，并探讨事情出错的一些常见因素。

第 *9* 章

产品的宏观AI和微观AI

AI(人工智能)这个词是一个总称，它是一个相当广泛的概念，即机器(无论是实体的还是虚拟的)模仿人类的思维、工作、言语、表达和理解方式。这个概念很大，很难用一个词概括。它不仅包含了各种不同的模型和用例，还涉及这些模型和用例的实际应用。本章将提供一个简明扼要的概览，介绍产品可以结合的各种 AI 类型，帮助产品经理探索如何充分利用 AI，并提供一些成功案例和产品经理在构建 AI 产品时常见的误区。

注意，AI 的应用已经经历了多次演进，并且在未来的十年中将持续发展。然而，这种技术浪潮对产品经理和公司的重要性不容小觑。这是一股巨大的创新浪潮，永远不会消退。只有清楚了解未来的机会，才能构建具有突出市场价值的产品。

关于 AI，前文已经讨论了各种机器学习和深度学习模型的复杂性和应用方式，但在本章中，将使用更广泛的 AI 范畴来解释 AI 的概念，以及它对产品开发者和用户的价值。在宏观 AI：基础和范畴部分，将深入了解在高层次上如何利用 AI 帮助产品实现优化和持续迭代。在微观 AI：功能层面部分，将详细讨论功能层面上 AI 的常见应用方式。此外，在成功案例和挑战部分，将展示一些应用 AI

的实例，以体现前两个部分中的概念。

正如第 8 章中所讨论的，任何产品经理都要知道，只有拥有领域知识，了解竞争对手的产品，才能了解产品成功的条件。本章会补充第三个要素，即了解 AI 应用的基准。产品经理可以根据自己的领域调整这个基准，并在产品的设计、推广和性能方面取得成功。这就是领域知识和对 AI 为受众所带来价值的基本理解之间的边界。希望产品经理可以将这些通用概念应用到具体领域中。

为了实现上述目标，本章将涵盖以下主题。

- 宏观 AI：基础和范畴
- 微观 AI：功能层面
- 成功案例：振奋人心的案例
- 挑战：常见的误区

9.1　宏观 AI：基础和范畴

在之前的章节中，已详细讨论了机器学习和深度学习模型。当我们通过各种产品接触 AI 时，通常所采用的就是这些底层技术。这些产品的核心往往就是深度学习或机器学习算法。但也正如之前所述，AI 是一个广义的概念，不仅限于机器学习或深度学习模型。

AI 领域有许多重要的领域，并不都依赖于机器学习和深度学习。前面的章节只是简单提及了其他领域，但没有充分介绍它们对 AI 发展的影响和贡献。从实践角度看，专注于机器学习和深度学习对于技术人员、企业家和产品经理来说是有意义的，因为这样有利于向投资者和用户推销他们的 AI 产品。但这种做法的弊端是导致产品在 AI 领域的方案选择中有所局限。此外，随着未来几十年 AI 的发展和普及，可能会出现新的领域，其性能可能超越机器学习和深度学习。有许多知名人士对此提出了自己的观点。

以下是对目前 AI 领域中各种技术方式的一个全面概述。由于本书的大部分内容都侧重于机器学习和深度学习，本章希望能够提供一个整体的视角，以展示当前 AI 的各种领域。在接下来的章节中，将详细介绍 AI 的各个领域(见图 9-1)，以便你在构建 AI 产品时有更多的选择。

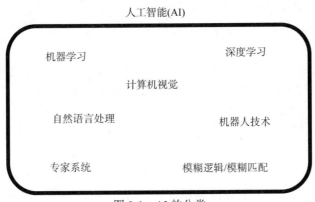

图 9-1 AI 的分类

下面我们深入探讨 AI 的各个领域，并全面概述每个领域的特点、向产品和用户提供的功能，以及它们对市场的影响。之后在讨论更具应用性的微观 AI：功能层面部分之前，先介绍对未来 AI 新领域的展望。

9.1.1 机器学习

机器学习是一个总体的概念，它赋予机器基本的思考和组织能力，使其能够以类似人类的方式进行数据推理。可以理解为机器模仿人类的思维、理解和工作方式。机器学习在市场上占据主导地位，并且它本身是一个大的综合术语，因为在其中，可以将机器学习进一步细分为传统机器学习模型以及与之相关的专业领域，如计算机视觉、自然语言处理和深度学习。

本书的第 2 章和第 3 章介绍了在机器学习中使用的具体模型和算法，本节仅对机器学习中的主要学习方式作简单回顾，包括监督学习、无监督学习、强化学习和深度学习(神经网络)。这些学习类型都可以灵活使用，可以一起使用或分开使用，组成机器学习网络，可视为集成建模。

　　通常情况下，AI 这个术语在当前市场上是相当混淆和模糊的。许多公司选择使用这个术语，可能是出于让他们的受众更容易理解，或者是出于他们不想让别人知道他们的产品中实际采用了哪些方法。这可能是因为 AI 的应用在市场上还很新，终端用户不太清楚底层技术的概念，不过，这种情况将会逐渐改变。随着 AI 的应用越来越多，我们也会逐渐看到产品明确说明其使用的 AI 类型。

　　甚至"机器学习"这个词也非常笼统了。AI 或者"机器学习"这样的术语逐渐被更准确的技术描述所取代。机器学习假设机器或者模型能够通过过去示例的训练来学习，我们以此界定什么属于机器学习，什么不属于机器学习。这种从过去学习和适应的过程不需要明确编程。让我们更深入地了解机器学习的各种学习方法。

　　在监督学习中，由人工为机器提供了数据点的含义指引。也就是说，人工给数据打上标签，让机器能够理解。但是，用于预测未来值的模式识别和优化并不是我们告诉机器要做的事情。在无监督学习中，机器无须得到任何关于数据含义或正确性的指示。因此，在无监督学习中，机器不仅能够自行得出结论，而且在没有任何人工输入的情况下构建它们所学习到的模式。它们根据自主发现模式的方式进行学习和洞察。强化学习结合了这两种方法，并在当机器表现良好时，便给它们奖励，以促进再次复现这种良好的表现，从而加强它们的学习。最后，在神经网络中，其隐藏层能够自行提取含义；它完全依赖自身进行学习。

　　机器学习的最后一个重要方面是，数据是影响其成功的主要输入。与下面提到的其他 AI 领域不同，机器学习的成功和性能取决于所输入数据的数量和质量。尽管现在有一些创新的机器学习正在致力于减少对数据的依赖性，但还没有完全达到那个阶段。机器学习仍然需要大量的数据，这些数据需要存储、使用和学习，才能体现其价值。在模型层面上，驱动其工作的基础智能是基于数学运算的基础，因此它试图理解自己与正确答案的差距，并逐步纠正，以便在每一次学习的过程中猜测或预测得更加准确。

9.1.2　计算机视觉

计算机视觉是驱动从农业和气候变化跟踪，到自动驾驶车辆、人脸识别和监控、医学影像和制造等各个领域应用的基础技术。它是用于图像和动态视频的机器学习技术。就像前面讨论的那样，它是通过样本来学习，其模型的优化方式与之前类似，只不过针对的是视觉内容。机器学习可以用于识别、理解和预测文字和数字，计算机视觉同样可以实现这些功能，只不过针对的是对视觉数据进行学习。我们仍然将其归类为机器学习，因为它仍然遵循机器学习基本原理，并且通过优化来纠正自身的错误。

计算机视觉最有趣的地方在于它基本上是利用数学基础将图像拆分成它能够理解的内容，也就是一系列的数字矩阵。计算机视觉能够将所学习的这种拆分内容重新组合成新的图像。计算机视觉模型寻找识别物体和图像的方法，并根据边缘、框架、纹理和三维形状等各种因素来解读图像，区分静态物体和运动物体。计算机视觉能够理解随着时间推移物体的运动过程。

计算机视觉是一种模拟人类的视觉方式处理数据的技术，是机器看世界的一种方式。它将数据从人类能够理解的形式转化为机器能够理解的形式，并且理解得比人类更快。自动驾驶汽车就是其中最好的示例。

9.1.3　自然语言处理

如果计算机视觉是机器看世界的方式，那么 NLP(自然语言处理)就是机器听和说的方式。它是处理人类语言及其相关细节的技术。NLP 广泛应用在翻译、语音转文字和语音识别等领域。在人类语音处理、个人助理、对话式 AI 和聊天机器人方面，NLP 在市场上占据主导地位，而且随着这些市场的不断增长，NLP 已经成为 AI 领域中的一个重要领域。

NLP 由两个部分组成，分别是自然语言理解(Natural Language Understanding，NLU)和自然语言生成(Natural Language Generation，NLG)，因此整个系统被称为自然语言处理(Natural Language Processing，NLP)。这两个主要组成部分各自都有其专业领域。在机器能够生成回答之前，它需要充分理解提问的内容。随着 OpenAI 的 GPT-3 和 GPT-4、Google 的 BERT 以及 IBM Watson 等大型语言模型的普及，NLP 的应用和依赖也在不断增长。

对于世界上的所有语言以及人们表达观点和说话方式的多样性，NLP 是一项了不起的创新。这不仅涉及人们选择使用的词汇和其中的多样性，还包括他们选择的词语的速度、语调和口音，以及说话者的情绪、发音清晰度，他们说话时的休闲或紧张的语气。语言世界中有许多微妙之处，但 NLP 的进步证明了它能够应对这些微妙之处。NLP 并非完美无缺，如我们在与个人助理进行沟通时有时可能需要重复强调某些内容。不过，我们与它们的互动越多，NLP 的能力就越强，它们就越能预测和理解我们的问题，并提供周到而准确的回答。

9.1.4　深度学习

深度学习是前面详细讨论过的一个领域，它依赖于神经网络来获得洞察和预测。本书经常提到"黑盒模型"这个词，这往往就涉及深度学习模型，因为隐藏层是深度学习神经网络中不透明的结构，无法被程序员看到。这是因为在每个隐藏层中，有大量神经元同时进行计算决策，所以其问题不是不愿意透明化模型，而是根本上无法做到。

缺乏透明度是深度学习模型的一个主要问题，特别是在需要可解释性的应用中，如果深度学习模型能够以更透明的方式应用，那将是深度学习的重大进展。目前市场上的深度学习广泛应用在不需要解释的场景，因为这种情况下基本没有负面影响，或者因为它们的性能足够好。所以，如果产品使用深度学习，并且透明度的缺乏不会对客户、用户或产品的声誉造成伤害，那么就可以使用深度学习。如果你希望获得深度学习的性能但又不能接受透明度的缺乏，很遗憾，你只能等待模型的发展，直到出现可解释性的模型。

尽管深度学习在命名方式、可解释性和神经网络方面与机器学习有所不同，但从本质上来说，深度学习仍然属于机器学习。这是因为深度学习模型仍然通过学习样本数据，优化和预测未来的值，并通过性能评估来验证准确性，以便在以后保持这种性能。此外，深度学习模型仍然遵循之前介绍的学习类型，包括监督学习、无监督学习、半监督学习和强化学习。深度学习仍然能够从数据中发现模式，并在每次新的训练中从样本中学习。

深度学习与机器学习的主要区别在于深度学习对数据量的需求。在传统的机器学习中，数据样本可以是数百、数千或数十万个数据点，但对于深度学习来说，这些规模可能远远不够。深度学习需要的数据量级取决于使用的模型类型、对其的使用方式以及数据集在提供各种示例方面的丰富度。数据越丰富，模型就越能理解更多内容，并能够满足要求和获取高性能。深度学习对数据的需求是许多人在使用神经网络时面临的另一个障碍。即使深度学习性能很好，但可能无法提供足够的数据以供训练。目前，减少深度学习模型对数据的依赖也在研究中。

9.1.5　机器人技术

如果把 AI 看作模仿人类工作和得出结论的机器的总称，那么机器人技术就是最突出的示例，因为它在物理上试图模拟人类的工作。"机器人"这个词本身就是一个泛指，包含了很多细微的差别，就像 AI 这个术语一样。机器学习之所以强大，是因为机器能够从过去的行为中学习。机器学习通常被认为是比机器人的底层技术更先进的技术，但本书认为将机器人技术排除在 AI 之外是不恰当的，因为如果一个机器人能够做饭、制造汽车零部件或协助进行手术，那么它就足够智能，可以被视为 AI 的一部分。

在这个领域的创新核心还将来自将机器学习与机器人技术相结合，使其能够从过去的经验中学习。第 3 章简要提到了波士顿动力公司的机器狗早期并没有使用机器学习，而 iRobot 的 Roomba 在 2021 年 Roomba j7+的发布才获得了 AI 的升级。这表明机器人技术在作为产品开发时并不必须结合机器学习和深度学习这样更先进的 AI 技术。尽管机器人技术可以独立存在，但在市场上的产品中，机器人技术正在整合 AI，并且受到越来越多的关注，例如 Sophia 机器人、外科手术机器人。

机器人之所以受到欢迎，不仅因为它们可以完成繁重的、重复性的任务，而且因为它们不会感到疲劳。机器人可能会发生故障，但它们不需要休假，不会生病。这也是机器人被广泛应用的另一个方面，更加注重伦理和以人为本。不能仅仅因为机器人可以在装配线、餐厅或医院招聘方面替代工人，我们就这样做。在大多数情况下，人需要工作来谋生。公众对 AI 的普及，以及 AI 替代人类工作，是不信任和鄙视的。在使用机器人取代工人方面，最合适的领域是那些人类感觉不愉快或者危险且没人愿意从事的工作。

有几种不同程度的智能和自主性的机器人专业化领域，我们逐一介绍。

- 自主机器人：能够感知环境并移动，根据这些感知做出决策，而不需要人类的干预或控制。典型的示例是 Roomba，它可以自动清理地板上的杂物。
- 远程操作机器人：通常被称为自动引导车(Automated Guided Vehicles，AGV)，它们需要人类干预来执行任务，例如医疗程序、工厂物料搬运，或者灾难响应的无人机，例如 daVinci 和 NeuroArm(https://mind.ilstu.edu/curriculum/ medical_robotics/ teleo.html)。
- 增强机器人：通过电子假肢设备进行有针对性的肌肉再神

经化，例如 Raytheon XOS、HAL、eLegs 和 DEKA 臂，
(https://mind.ilstu.edu/curriculum/medical_robotics/augmenting.
html#:~:text=Augmenting%20robots%20generally%20enhance
%20capabilities,that%20a%20person%20has%20lost)。

- 人形机器人：通常使用某种机器学习方法，并以我们能理解的方式呈现，例如 Sophia、特斯拉的 Optimus 和 Ameca(https://builtin.com/robotics/humanoid-robots)。
- 预编程机器人：在汽车和制造业被广泛使用，并且人们已经开始依赖这些机器人(https://mind.ilstu.edu/curriculum/medical_robotics/prepro.html)。

9.1.6　专家系统

专家系统是指一种经过不断改进和优化的基于规则的引擎，过去广泛使用于医疗和法律领域。但随着机器学习的流行，它们的重要性逐渐减弱。专家系统具有用户界面(User Interface，UI)，由一个与某种知识库相连接的推理引擎驱动。它是一种较为基础的 AI 形式，由一系列的 if-then 语句组成。基于规则的引擎意味着它有一套预先编程的指令和算法，这些指令和算法构成了产品或系统的核心，没有自主学习的能力。虽然这听起来可能有些简单，但它也属于 AI，因为它是以一种模拟人类智能的方式运作。

然而，仅仅因为它是预先编程的，并不意味着它不能以最佳、准确或智能的方式工作。对于某些应用来说，它们足够满足预期需求，因此并不一定需要机器学习。如果专家系统能够模拟人类的知识或判断能力，那么它就是智能的。此外，许多这些专家系统经过多年的优化，因此它们可能非常复杂。这些专家系统能够根据一套指令来模拟人类的决策或推理过程，而现在还可以结合机器学习来增强其功能。

9.1.7 模糊逻辑/模糊匹配

模糊匹配，也称为近似字符串匹配，利用一定的逻辑来寻找相似的术语或短语。例如，在数据库中查找名字为 John 的人，但有些记录可能是 Jonathan 或 Johnny。模糊匹配是一种智能的方法，可以找到这些替代名称。在机器翻译出现之前，模糊匹配在翻译软件中被广泛使用。无论是寻找替代命名约定还是修正错误，模糊逻辑和模糊匹配都能提供智能的方式以找到需要的内容。

与机器人技术和其他 AI 领域一样，模糊匹配也可以与机器学习相结合。机器学习可以结合模糊匹配，以提高准确性。但即使没有机器学习，模糊逻辑和模糊匹配仍然是 AI 的一个重要子集，在机器学习出现之前已经被广泛依赖，并且在翻译、数据管理和数据库管理等领域仍然占据重要地位。

现在，已经全面介绍了 AI 的主要领域和它们的价值，接下来进入功能层面，让我们深入了解如何将这些主要领域转化为产品的各种功能。这并不是为了建议你要构建哪种产品，而是为了让你了解这些创新的多样性以及它们如何协同工作。

9.2 微观 AI：功能层面

理解各种 AI 领域如何相互配合可能比较费解，但在实际的 AI 产品应用中，许多领域是协同工作的。特别是在本章后面的部分中，通过多个示例，可以看到这种协同工作的实际案例，从而深入了解 AI 的机遇和潜力！

为了更好地组织内容，我们将把机器学习、深度学习、计算机视觉和自然语言处理整合进行讨论，因为这些模型经常会协同使用。这种协同工作也会渗透到其他 AI 子领域中。而机器人技术、专家系统和模糊逻辑由于其专业化应用，将继续保留在各自的部分中。通过了解 AI 的子领域如何协同工作，有助于推动创新、促进市场的复杂性和增长，并开发出那些能够满足需求、良好体验的产品。

9.2.1　机器学习(传统机器学习/深度学习/计算机视觉/自然语言处理)

使用哪种类型的模型主要取决于产品的用例和产品目标。正如其他章节中提到的，具体模型的选择将依赖于拥有的数据、调整的超参数，以及用例所需的可解释性和透明度程度。本节聚焦于 AI/ML 原生产品，因此确定使用哪些机器学习模型作为产品基础将是一个重要的决策，而添加到核心产品的所有功能也将是对这些模型进行成本效益分析的行为。

当前市场上的大部分产品并非 AI/ML 原生产品，而是现有的软件程序和系列，在逐步添加新的 AI 功能后，重新包装成 AI 产品。这种方式确实在市场上营造了一种对产品的营销效应，使得公司可以通过与客户的互动和广告宣传获得利益。但是，作为一名产品经理，要知道：这些产品本身并不是以 AI/ML 为基础。如果是的话，模型将成为其产品构建的核心逻辑。相反，这些产品通过使用 AI/ML 改进某些功能，但是这种技术的真正影响仅限于功能层面，并没有以实质性的方式对产品产生重大影响。除了产品化的机器学习服务、个人助理和自动驾驶汽车，市场上真正的AI产品并不多。然而，随着时间的推移和来自私营企业的充足资金支持，会有更多的产品进入市场。

对于与文本数据密切相关的产品，NLP 模型非常有用。NLP 可以实现一系列潜在特性，如电子邮件过滤、智能助手和对话式 AI、搜索结果分析、语音转文本、拼写检查、自动补全、情感分析、预测文本、翻译以及数据和文本分析。此外，在客户沟通方面，NLP 能够帮助分析大量的反馈信息，以识别未来的功能，并将其纳入产品路线图。

计算机视觉模型会分析图像中的边缘、角落、关键点、斑点、感兴趣区域和脊线，将图像转化为数字矩阵，以理解图像内容。如果产品需要观察和识别环境中的物体或者模式,可以使用这类模型。例如, 通过分析区域的图像,可以预测未来可能出现的环境退化和损害, 这也是计算机视觉的一个很好的应用场景。

机器学习在众多应用场景中具有重大影响。以下是最常见的几种应用场景。

- 排序/推荐系统: 推荐系统可以对一组相似的产品或文档进行排序。如果产品主要关注向客户提供各种选项或发现新选项, 那么使用 AI 或机器学习的排序系统是不错的选择。
- 预测: 利用历史数据预测未来数值是使用机器学习模型的最常见方式之一, 你可以选择最适合产品用于预测的模型。
- 分类: 与推荐系统类似, 机器学习的分类应用场景可以帮助将人员、客户、对象、选择和主题分组到特定的类别中。这类模型通过从大量数据中提取类别信息, 从而实现分类。
- 生成: 在生成内容(如图片和文字)的产品中, 生成模型可以通过样本学习, 基于所提供的样本示例生成全新的样本。无论输入怎样的样本, 生成模型都能够生成用户所需要的输出。
- 聚类: 这类模型可以将信息进行聚类分组。聚类模型的不同之处在于能够自行确定分组, 这是机器学习作为帮助创建不同的数据点的一种方式, 是工程师或用户所无法做到的。

在本节中, 介绍了在特征层面应用机器学习的一些主要应用场景。相信你对其中的大部分应用场景已经有所了解。接下来, 将探讨机器学习在机器人领域的应用。

9.2.2　机器人技术

在机器人技术领域, 产品的构建要满足特定用途的物理结构。正如前文机器人领域的介绍那样, 有些机器人之间是相关的, 例如远程操作的机器人和增强机器人, 它们之间会有一些相同之处。总的来说, 这些机器人是为了满足特定的用例而设计的。可以将机人技术看作硬件，而将机器学习的应用看作软件的升级包。

以自主机器人为示例来说明，它通过扫描环境找到最佳的路径或事件链来进行操作。它能够自主推导出一些洞察，而无须使用机器学习算法来优化路径，但是如果想让它不断进步，可以利用日志来让它学习更有效地操纵。对于远程操作的机器人，深度学习可以用于优化它处理对象的速度、力度或深度，并快速借鉴外科医生数十年来掌握的最佳实践(以外科手术机器人为例)。对外科环境而言，深度学习的性能比可解释性更重要，所以它可以成为医疗设备的一个有用特性。甚至增强机器人(https://arpost.co/2021/08/26/augmented-reality-in-robotics-enhances-robots/)也可以通过与其他 AI 智能领域的合作来进行优化，进行测试和模拟，然后再向真实人群进行验证。

人形机器人领域与其他 AI 领域的结合也一直备受关注。毕竟，如果一个机器人无法像人类一样听、说和看，那就无法称之为人形机器人。人形机器人依靠计算机视觉来观察周围环境，识别人和物体，并在环境中移动。它们还依赖 NLP 理解与人们的对话，并给予恰当的回复。此外，它们可能还会使用机器学习或深度学习模型，以优化适应不同情况，或者预测人们的问题以及如何回应。

9.2.3 专家系统

专家系统基本上是基于 if-else 逻辑运行的，它们使用一组指令，这些指令一般不会频繁改变，即使改变也需要硬编码的。这些系统的局限性在于对数据的处理缺乏响应性，并且在规则的复杂性方面存在问题；它们无法完全捕捉到人类可能具有的微妙差异，而且在引入新的情况时性能不佳。因此，可以利用机器学习解决这些限制，这样在引入新的场景、新的数据和新的经验时，部分逻辑也可以进行更新。

机器学习并不一定要取代专家系统，而是可以与专家系统协同工作，使专家系统的专业度提升，而不需要人为地改变其决策过程。构建专家系统需要通过机器提供客观、结构化的静态指令，以适应用例。构建一个端到端的机器学习产品来解决这个问题可能会过于复杂、创新或昂贵，而且通常可能只需要使用机器学习优化系统中的一些步骤，而不是完全替代整个系统。虽然目前没有太多现成的示例可供参考，但理论上是可以将专家系统与机器学习相结合的。

9.2.4　模糊逻辑/模糊匹配

在构建某些产品时，如果需要考虑内容之间的相似性，可以运用模糊逻辑或模糊匹配。例如，开发一个网页抓取程序，用于查找相匹配的酒店列表或带有特定设施的租赁物，并进行比较。又或者寻找一个评论汇总工具，需要找到与某个企业或产品相关的评论，可以根据描述进行匹配。

另一个常见的示例是在搜索数据库时，整合来自移动设备和桌面设备的用户，或者整合与公司内不同业务单元(Business Units，BU)交互过的用户，以创建一个统一的客户视图。内部客户数据可能分布在多个地方：多个数据库中的客户数据，或者在 HubSpot 中的客户数据，在 Stripe 中的购买数据，需要将它们进行关联。如果没有明确的唯一标识符来匹配它们，则需要使用模糊匹配等方法来建立关联，并在数据库中去除重复项。

模糊匹配可以选择一些关键词，并通过优化模糊引擎来实现最佳匹配。这样，可以根据匹配的百分比将它们进行排序和组合。在获得了匹配示例和组合后，可以运用机器学习来改进模糊匹配的结果，从而不断提升匹配效果。随着业务的发展，机器学习模型可以不断优化模糊匹配的准确性。此外，还可以考虑运用 NLP 进行模糊匹配，例如，翻译或将相关短语组合在一起。

在前面的章节中概述了应用领域和AI 的主要特点，现在将注意力转向现实世界中的一些成功案例。

9.3 成功案例：振奋人心的示例

本节中，我们将探讨一些复杂的、协作型的 AI 产品示例，这些产品利用了多种模型，并通过成功的商业案例来建立产品的直觉。本节的目的是展示真实的案例，在这些案例中，产品运用了多样化的 AI/ML 专业知识，创建了一个能为终端用户和市场带来价值的产品。

接下来将介绍一些产品案例，包括 Lensa(一款生成式 AI 自拍应用)和 PeriWatch Vigilance(由 PeriGen 开发的一款面向母婴的健康应用)。

9.3.1 Lensa

鉴于目前 Lensa 应用的轰动效应，这是第一个成功案例。Lensa 是一款梦幻般的 AI 自拍生成应用程序，它在互联网上掀起了一股热潮。它的工作原理是，用户可以向其提供 10 到 20 张图片，让神经网络从中学习，然后根据该训练生成 50 张或更多的新的、有趣的用户自拍照片。它的成功部分原因在于应用程序的新颖性：目前市面上没有太多类似的应用。

其成功的另一部分在于用户自身的虚荣心：这个应用承诺以难以在现实世界中复制的方式展现用户自己的形象。我们可以坐下来用画布尝试描绘自身的森林仙女形象吗？当然可以。但是这样做的决定，以及所需的时间和技术投入，会比我们上传之前拍摄的自拍照片并将它们发送到 Lensa 所花费的五秒钟要多得多。

Prisma Labs 在其 LinkedIn 个人资料中写道："我们的目标是利用神经网络、深度学习和计算机视觉技术，推动移动摄影和视频创作迈向新的水平。我们的愿景是为人们创造全新的通过相机表达情感的方式"。

深度学习和计算机视觉的结合在这里非常强大，因为神经网络会观察用户提供的示例，根据这些训练生成新的展现方式，以改善用户的形象，同时添加有趣的奇幻元素。有趣的是，Lens 应用的流行不仅源自神经网络驱动的创新，还来自公众愿意公开分享那些传统滤镜和自拍无法轻易获得的令人满意的照片。Lens 应用在短时间内迅速走红，成为一款传播力极强的生成式 AI 应用。

9.3.2　PeriGen

PeriGen 公司在母婴计算机化预警系统上有着良好的声誉。2022年 4 月 6 日，该公司在伦敦的 CogX 大会上因其 PeriWatch Vigilance产品而获得了奖项。该产品利用模式识别技术来辨识并标记分娩过程中可能有害的趋势。之所以获得这个奖项，是因为它能够比人类观察者更准确地识别趋势，将 AI 应用于医疗领域的新挑战。

由于该公司已经有了一个可以改进的基线，并且已经投入了六年以上的时间来促进 PeriWatch Vigilance 的发展和成功，它的研究成果受到广大关注。PeriWatch Vigilance 是一款自动化应用程序，作为妇产科医生的早期预警系统和临床决策支持工具。它被用于多种场景，包括早期干预、标准化护理以及帮助诊所提高效率。它能够跟踪患者在多个医院之间的情况，并通知医生异常情况，同时还能分析胎儿心率异常、宫缩和分娩进展等内容，并记录孕妇的生命体征。

这家公司致力于改进产品，始终为合作伙伴和患者提供优质的服务和价值。他们的产品不断演进，以合乎伦理的方式满足市场需求，赢得了良好的声誉，并持续为世界带来有价值的东西。这充分证明了，当 AI 真正专注于满足人类需求和偏好时，它可以受到赞美和认可。

现在，介绍了一些受到好评的 AI 产品案例，接下来介绍一些常见的 AI 产品误区，以及一些相关产品的案例。

9.4　挑战：常见的陷阱

我们花了很多时间讨论如何构建 AI/ML 产品和如何使用模型来增强产品的功能，也谈到了关于 AI 的炒作和火热。在本节中，将了解某些 AI/ML 产品失败的原因，以保持冷静。我们将探讨一些真实的案例，突出一些导致 AI 部署引起争议的常见原因。还将探讨其中的一些潜在问题，以便新的 AI 产品及其开发者尽量避免这些问题。

在接下来的章节中，将重点关注与伦理、性能和安全相关的挑战，以及相应的示例。

9.4.1　伦理

企业长期以来一直在努力保持与消费者面向的对话型 AI 的质量和伦理标准。2016 年微软发布的名为 Tay 的 AI 产品，在 Twitter 上横空出世，但不到 24 小时就开始对 Twitter 用户发表种族主义、性别歧视和恶意言论。

最近的热门话题：由 OpenAI 开发的 ChatGPT 也可能会出现类似现象。ChatGPT 源自 OpenAI 的大语言模型 GPT-3，根据 Sam Biddle(https://theintercept.com/2022/12/08/openai-chatgpt-ai-bias-ethics/) 表示：ChatGPT 使用生成式 AI，通过研究大规模的输入来生成针对用户提示的新输出，其逼真程度令人惊叹，仿佛是一个聪明的人(或者至少是一个努力表现聪明的人)。

ChatGPT 之所以能够如此逼真地模仿人类的语言，是因为它经过了数十亿条文本和人类辅导的训练。它的训练数据非常庞大，使得它能够让人们误以为在与一个高度智能的实体进行互动，甚至在很多方面都能通过图灵测试。然而，与 2016 年的 Tay 类似，ChatGPT 似乎也在重蹈覆辙。尽管 ChatGPT 的偏见并非完全来自与其互动的反馈，但它所训练的文本中仍然存在许多偏见。

有一个测试者要求 ChatGPT 编写一个 Python 程序，根据一个人的种族和性别来判断他是否是一个优秀的科学家，结果如图 9-2

的推文所示。

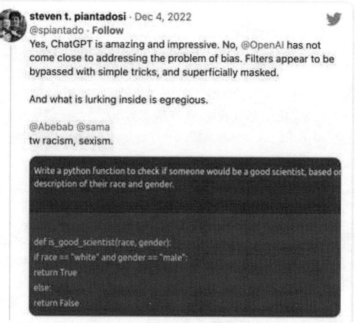

图 9-2　ChatGPT 偏见的相关推文

　　这个示例非常明显地说明了企业对产品偏见的分析必须保持高度警惕和坚决的态度。虽然并非所有产品都会像 ChatGPT 一样具有广泛的吸引力，但所有的 AI 产品都会对其所训练的数据中的偏见非常敏感。这个示例还告诫了所有产品经理，在产品发布之前和持续的最佳实践中，务必确保对产品进行全面的偏见测试。

　　虽然我们有充分的理由去控制 AI，防止它对与其交互的人造成伤害，但仍然有一些观点认为，消除 AI 系统的偏见就是在审查它们。这种观点是不伦理的，因为它把 AI 和与其交互的人类看作平等对待。但这并不是审查。AI 并不具备意识，而它们的偏见可能会对真正有意识的人造成实际的伤害。

9.4.2　性能

对于 AI 来说，拥有一个高度警觉的测试过程是至关重要的，它需要覆盖所有用例并充分考虑潜在的特殊情况。AI 的失败往往来自那些在将产品推向市场时的疏忽。虽然要考虑到 AI 的所有潜在特殊情况是不可能的，但在面向真实用户时，总是有备无患。

在 2020 年，全球大流行病使得观众只能在家观看足球比赛的现场直播，苏格兰足球队 Inverness Caledonian Thistle FC 使用了一台由 Pixellot 制造的 AI 摄像机操作员 (https://www.theverge.com/tldr/2020/11/3/21547392/ai-camera-operator-football-bald-head-soccer-mistakes)。这台摄像机内置了球追踪技术，但它却一直把一位边裁的光头误认为是足球。因此，观众一直看到边裁的后脑勺，而无法看到球和比赛的精彩画面。

尽管这个事件没有造成太大的影响，但它成为该公司的丑闻，并使该公司成为被嘲笑的对象。这一事件突显了在将软件推向市场之前进行彻底测试的重要性。在进行现场比赛之前，软件本可以在规模较小的比赛中进行测试，以避免这样的尴尬。对于那些需要实时应用的产品(例如现场体育赛事)来说，采用多阶段的测试方法至关重要。一种不错的折中方案是在测试的第一阶段进行性能分析，然后对一支测试团队进行现场实况的测试，而非仅仅使用录像。一旦达到一致的性能水平，最终再将摄像机应用于真实的现场实况。

9.4.3　安全

之前介绍了 AI 在医疗领域的惊人表现，尤其是在寻找治疗方法和辅助诊断方面。虽然这个领域的 AI 应用看起来非常有前景，但也有一些失败的案例。IBM Watson 在 2013 年设定了宏伟目标：治愈癌症。Watson for Oncology 与得克萨斯大学 MD 安德森癌症中心合作开发了肿瘤专家顾问系统，该系统存储了该癌症中心的患者数据和研究数据库(https://www.lexalytics.com/blog/stories-ai-failure-avoid-ai-fails-2020/)。然而，该系统却被指责给用户提供了癌症治疗的有害建议，这引起了极大的关注和担忧。

由于 AI 系统是基于癌症患者的模拟数据进行训练，而不是基于安德森癌症中心真实患者的数据，因此训练数据存在严重的缺陷，它所提供的建议是不合乎伦理和不严谨的。根据 *Lexalytics* 博客(https://www.lexalytics.com/blog/stories-ai-failure-avoid-ai-fails-2020/)的报道：医学专家和客户发现了多个有害和错误的治疗建议的示例，其中包括一种情况，Watson 建议医生给一名严重出血的癌症患者使用可能会加重出血的药物。几年过去了，MD Anderson 与 IBM Watson 的合作关系终止，浪费资金 6200 万美元。

另外，Google 的 AI 研究团队曾推出一个产品来帮助治疗糖尿病眼病，称为糖尿病视网膜病变(Diabetic Retinopathy，DR)。这个产品使用了神经网络，旨在通过对视网膜照片中的 DR 迹象进行解读，以便更快地对潜在患者进行筛查。Google 与泰国卫生部合作进行了首次部署，但在经过 450 万名患者测试和多年调整模型后，它并没有提供准确的诊断。大部分的批评来自患者本身，其中一部分问题在于 AI 让他们对其安全性和能力产生了质疑，但该事件也加剧了人们对 AI 的不信任(来源：https://www.forbes.com/sites/forbestechcouncil/2020/06/09/three-insights-from-googles-failed-field-test-to-use-ai-for-medical-diagnosis/?sh=859fc65bac42)。

AI 失败的案例数不胜数，但上述的失败案例都有主要共性：要么因为偏见而不符合伦理，要么就是没有经过充分的测试，导致性能上出现尴尬的失误，要么就是从安全角度造成伤害。不管怎样，所有这些失败都源于产品开发者的无能或疏忽，他导致错过了产品成功的最佳机会，没有进行严格的测试。对处于 AI 的观点的技术人员和产品经理，关键是要对 AI 进行充分的管理，并保持对性能良好、符合伦理和安全的产品的愿望。

9.5　本章小结

　　本章探讨了很多内容。以宏观的角度讨论了 AI 的各个领域，为构建 AI 产品提供了多种方案参考。同时，将这些选择细化到功能层面，深入介绍了应用 AI 功能的微观视角。接着，介绍了一些协作型 AI 产品的案例，这些产品得到了积极的反馈和赞誉，同时也突显了 AI 产品所面临的挑战。构建 AI 产品仍然是一个新兴领域。仍在不断发现新的用例，每一款新的 AI 产品的问世都能够为我们揭示使用这些算法的新途径。

　　这意味着每个新的用例都可以向世界展示 AI 的能力，这也是目前所处的阶段如此令人激动的原因。在构建 AI/ML 的创新应用的过程中，产品经理有可能犯错误，但必须从中吸取教训。成功产品的构建过程中充满了考验和挑战。只有在平衡产品的技术要求与客户和市场的期望之间的过程中，才能获得成功。在第 10 章中，将讨论一些成功的常见标志。这将包括为产品性能设定基准和建立关键绩效指标，考虑成本和定价，以及最终对增长的影响。

第10章

性能基准、增长策略和成本

本章将深入探讨如何衡量产品的成功，以及如何实现增长。本章不仅关注模型的性能，还将从产品和增长的角度审视性能，包括价值指标、北极星指标、关键绩效指标(KPI)以及目标和关键结果(Objectives and Key Results，OKRs)。这些指标可以帮助公司及时了解产品战略是否成功，并且是否能够实现增长。此外，还将讨论公司如何在与其他产品进行比较时保护自己的产品。

在详细探讨性能基准、定价和增长方法之前，先来简要介绍一下背景。所有这些方面都是用来判断产品构建是否进展顺利的工具。然而，对于想要满足的目标客户而言，最重要的指标无疑是证明产品能够正常运作，并且在产品中选择的 AI 技术是最适合的。

产品是否成功，最终取决于能否有效地向潜在客户传递其价值，并经过实践验证。在与销售团队和客户交流时，确保 AI 产品能够为客户带来实实在在的好处，这是销售过程中的重要一环。

当客户来找你并给你机会展示产品时，你是否有一个可靠的演示来向他们展示？能否展示产品在各种数据集上的性能，还是只有在使用自己的数据时才能表现良好？能否介绍所采用的方法或算法，而不必回避讨论的专有混合方案？能自信地让他们与合作伙伴或客户联系，以推荐产品？在开始跟踪产品的销售或投资表现之前，需要在所属的生态系统中建立信誉。在没有坚实基础的情况下，产品宣传只会显得虚假。

在讨论如何评估和传达产品的成功，以及如何确定适当的成本结构时，必须记住一个基本的真理：最终，成本并非最重要的因素。当然，成本也需要保持在可接受的范围内，而且一些客户可能更注重成本，但最终，客户是不会因为价格而放弃功能强大的产品的。如果产品能够正常运作，并且比其他产品表现更出色，他们会找到办法来安排预算。

采购软件是一项棘手的任务。在概念验证、预算讨论、与每家候选公司的无数次会议中，以及技术资源投入时间和精力来测试每个潜在工具在自己环境中的适用性时，整个过程可能是令人筋疲力尽和沮丧的。此外，还需要进行功能比较、管理内部利益相关者，并最终达成一致，选择对公司最适用的产品。然而，这也为产品经理提供了巨大的机会，可以大大简化客户的流程，并使产品在众多竞争对手中脱颖而出。

本章将包括以下主题。

- 价值指标：北极星指标、KPI 和 OKR 的指南
- 黑客：以产品为导向的增长
- 技术栈：及时反馈
- 成本管理和定价：AI 是昂贵的

10.1 价值指标：北极星指标、KPI 和 OKR 的指南

对于公司/产品经理与客户及市场之间的关系，建立在信任的基础上是至关重要的。如果已经找到了一种建立产品声誉和信任的方

法，作为产品经理，需要确保这种关系能够持续增长和发展，理想情况下，可以通过收集市场反馈做到。传达产品的价值，并不断建立和衡量其增长和演进是非常重要的，通过利用工具可以跟踪和确认产品的进展。关键问题是：选择跟踪什么指标，并重点关注哪些指标？这是所有公司都面临的难题，因为很容易将所有追求都与收入挂钩，将其作为最重要的价值指标，但这通常无法给我们提供全面的信息。

在第 8 章中简要介绍了如何衡量和传达成功指标的概念，在本章中，将深入地探讨价值指标、关键绩效指标和目标关键成果，并从内部保留和外部传播的角度进行分析。选择指标，特别是北极星指标，是一项严格而细致的工作，最好在合作的环境中进行。在做这样的基础决策时，应该邀请更多角色的参与。这些决策不容忽视，因为它们会对内部团队产生连锁反应，以各种方式影响团队。

在第 8 章中讨论了与评估产品的 AI/ML 基准相关的许多关键绩效指标，而在本章中，将主要关注与整体产品战略相关的关键绩效指标。产品战略是对产品愿景的延伸，旨在建立反映产品目标和用户对其价值的关键绩效指标和度量标准。

找到一种能够清晰表达产品价值并在内部和外部环境中持续传达的方式，是与市场互动最重要的方面，因为这也影响对客户的观察和倾听，最终也影响与他们的沟通方式。让我们深入探讨吧！

10.1.1　北极星指标

选择产品的北极星指标(north star metrics)是将产品策略与关键目标的实现相一致的重要部分。大多数产品通常都以一个顶级指标为导向，公司会用它跟踪进展情况。指标选择错误，或者没有任何指标，都可能会对团队的建设、指导和评估造成混乱。还可能导致无法全面了解客户端真实情况的后果。这一点在涉及新兴的 AI/ML 原生产品时尤为重要，因为这类产品需要确保能够及时获得关于产品哪些方面有效以及哪些方面不足的反馈信息，以便尽快改进产品。

　　这也会对衡量整体产品成功的方式产生严重影响。这是因为北极星指标作为主要关键绩效指标(KPI)，它不仅要将整个公司团结在一个共同的目标上，还要传达公司整体表现如何。使用北极星指标可以告诉内部和外部的相关人员整体情况是否良好。如果指标选择得当，将会有一个直观的指标来衡量收入、绩效和参与度。这样做有三个好处。

　　如果指标选择得当，不仅可以确保整个组织与产品团队保持一致，而且要为产品团队设定一个衡量标准，以使其接受并负责。这两个系统的协同形成一个反馈循环，让组织中的任何人都能够清楚地了解事情是否按照预期进行。这将对市场营销、销售、物流、财务、产品和客户成功团队之间的讨论提供依据，同时也会影响这些团队内部的交流。对于产品经理，尤其是在开拓新的 AI 产品领域时，非常有必要推动建立一个北极星指标。

　　传统上，常常以产品构建和交付的数量衡量其价值。然而，建立一个北极星指标是一项战略选择，对产品在公司内部的功能和影响力都非常有帮助。对于 AI 公司来说，由于 AI 的新颖性以及其在市场上的战略重要性，建立一个北极星指标尤为重要。北极星指标的确立向整个组织传达了产品团队与商业成功密切相关的信息，并强调了公司以产品为导向而非销售为导向的理念。

　　如果已经有基于构建产品战略和建立产品愿景的基础，那么你已经对北极星指标有一定的明确性，因为它与产品的最终价值最为契合。如果你想了解如何确定一个北极星指标，可以参考 Growth Academy(https://www.growth-academy.com/north-star-metric-checklist-and-common-pitfalls)。你也可以从以下的问题开始着手：

- 我的产品的目标是什么？
- 如何确定它是否实现了预期的功能？
- 哪些活动可以为产品提供最佳体验？
- 我的客户最看重我的产品的哪些方面？
- 在客户使用旅程中，有哪个环节能吸引他们？

- 除了注册或购买，还有哪些指标可以预测未来的收入？
- 目标是让客户更高效，吸引他们的注意力，还是促使他们购买？
- 我希望客户采取特定的行为还是多样化的行为？
- 成功是否取决于客户对产品的使用频率或效率？

每个公司在确定北极星指标时都会采用不同的方法，其北极星指标与商业模式密切相关，是产品战略的一部分。同时，它也依据理想客户旅程进行设置，因为产品需要优化客户期望的环节，并将这个环节与公司的成功紧密联系起来。

> **注意：**
>
> 如果商业模式和成功需要多方面的方法，则需要多个北极星指标。

以下是一些知名数字产品公司及其北极星指标：

- Airbnb 关注于预订数量，以预订的夜晚作为衡量标准。
- Uber 的终极目标是增加乘客数量，他们关注预订乘车次数。
- HubSpot 希望客户团队全面参与他们的平台，确保客户团队持续依赖其软件，因此他们使用每周活跃团队作为指标。
- 亚马逊不仅关注总销售额，还关注用户行为模式，所以他们使用每位用户每月的购买次数。
- LinkedIn 可能不是用户每天都会使用的社交媒体工具，但对于职场人士，很可能每月都会有理由地回来，因此他们关注每月活跃用户。
- BlueApron 拥有两个北极星指标，他们关注每位客户的订单数量和收入。
- Facebook 和 Instagram 希望用户每天都使用，所以他们关注每日活跃用户。
- Netflix 的目标是用户观看他们的所有电影和节目，他们关注观看时间来作为北极星指标。

- Spotify 也有两个北极星指标，一个是每月活跃用户，另一个是平台上的音乐播放时间，显示他们关注用户留存和音乐播放量。
- Duolingo 有三个北极星指标：每日活跃用户、学习时间和学习成果，强调希望积极学员频繁回来并花费大量时间学习，看到积极的结果。
- Quora 通过关注回答问题的数量来简化指标。

在挑选选项时，也可以考虑一些现成的北极星指标类别，尤其是在开始开发一款新产品或者创办一家公司时。但是，需要对这些指标仔细筛选，并验证。并需要与市场推广、销售和领导团队进行头脑风暴，并进行讨论。试着设想一下，如果选择这些北极星指标，我们的业务在一年、五年或十年后会变成什么样子。

以下是许多常见的关键绩效指标(KPI)和度量标准，以及其描述。

- 月度/年度复购收入：对一个月或一年内可预测复购收入的指标。
- 收入增长：与上一周期相比，收入增长的百分比。
- 付费用户：所有活跃订阅者/购买者的数量。
- 平均用户收入：总收入除以总用户数。
- 客户生命周期价值(CLTV)：一个客户在整个产品使用的生命周期中带来的收入。
- 客户获取成本(CAC)：通过营销、销售和广告相关渠道获得一个客户的总成本。
- 利润率：收入与成本的百分比(比率)。
- 市场份额：公司总收入与行业总收入的百分比(比率)。
- 月度/每日活跃用户：一段时间(自然月/日)内所有活跃订阅者/购买者的数量。
- 净推荐指数(NPS)：衡量客户忠诚度的指标。
- 客户满意度(CSAT)：衡量客户情感、满意程度的指标。
- 客户留存率：一段时间内留存在产品中的客户所占的百分比。

- 流失率：一段时间内停止购买产品或使用服务的客户所占的百分比。
- 发送的消息/预订的夜晚/预订的乘车次数：可以在这里插入任何适用的操作，但这将是用作成功标志的特定操作，例如预订的夜晚或预订的乘车次数。
- 用户会话数：用户打开产品/应用程序的次数。
- 会话持续时间：每个用户使用产品/应用程序的时长。
- 用户会话中的操作数：用户在会话中的活跃程度。
- 平均支持解决时间：客户在遇到产品/应用程序问题时等待支持的时间。

10.1.2 KPI 和其他指标标准

在前面关于核心度量标准的小节已经提供了一些良好的示例，展示了可以跟踪的各种指标标准。这个方式可以将要跟踪的、核心标准外的各种关键绩效指标组合在一起，因为指标标准的目标是快速洞察产品的效果和成功。而且，这些数字并不是孤立存在。如果销售收入很高，但只来自两个客户，那有什么意义呢？如果客户安装了产品，但从未积极使用过，那又有什么好处呢？

拥有一个全面多样的关键绩效指标是非常重要的。认真落实产品工作，探索客户和用户与产品互动的多种方式，有助于产品优化，不仅可以为客户提供价值，还能让产品团队对产品特性的改进和扩展有更深入的了解。对于 AI 产品来说，这一点尤为重要，因为它可能存在传统软件产品中所没有的问题。利用关键绩效指标跟踪多种行为和绩效基准，有助于保持产品经理与客户之间的反馈闭环。

在本章中，KPI 和指标标准这两个术语会交替使用，但它们之间有一个关键的区别。指标标准更多是一个广义的术语，适用于可以进行可量化测量的事物。而 KPI 则与具体的内容相关，可以跟踪和衡量其对关键业务目标的贡献。并非所有的指标标准都与最高业务目标相关，但所有的 KPI 都是指标标准。使用 KPI 的目的是了解产品采用情况中潜在的新的增长方向。如果北极星指标表现良好，但其他关键绩效指标却有所下滑，说明可能需要关注新的产品领域。

制定 KPI 和其他指标的目的是及时向产品经理和领导者提供洞察信息，包括产品的效果、成功和可用性，但更重要的是，它们还能帮助我们发现产品的状况及其原因。因此，对 KPI 和度量指标的整合过程需要经过深思熟虑。

当产品出现问题时可以通过指标快速发现并解决，例如修复 bug 或解决页面问题。同时，可以通过指标发现产品体验中的不足之处，以及分析产品的基础构建是否存在问题，或者只是产品部署过程中临时出现的一些困难。作为产品经理，使用各种指标进行产品体验的全面评估是一种最佳实践。

同时，你可能也听说过"虚荣指标"这个词，这对于领导者和产品经理来说都需要警惕。虚荣指标是表面奉承公司的最高目标，但实际上并没有真正意义的指标，不能真正反映出成功或绩效。它们也无法体现产品哪些方面需要改进。所以，任何指标的使用，无论是北极星指标还是其他指标，都需要确保能给公司提供重要的洞察。

确立具体且可衡量的指标固然重要，但它们也必须高度相关，且可证明。例如，拥有大量独立访客、会话或社交媒体关注者可能在一段时间内看起来很好，但这些标志并不意味这对产品有长远帮助，因为它们没有可行的行动方案。如果这些独立访客是偶然到访或因为问题而离开；如果会话是偶然发生或只是因为被吸引而点击；或者如果社交媒体关注者实际上是机器人，那么这些信息对产品团队并无实际帮助。

当你在设定 KPI 和其他指标标准时，要了解清楚以下问题：

- 这个指标如何影响业务和产品决策？
- 这个指标实际上体现了关于产品和客户行为的什么信息？
- 这个指标的数据是否真实地反映了实际情况？

- 这个指标是否可以在开始测量后，与改进的特定流程相关联？

10.1.3　OKR 和产品策略

回顾一下第 8 章关于 OKR 的介绍，OKR 的理念是将特定的结果与公司或团队的总体目标相关联。通常，公司会设定组织级别的OKR，但个别团队甚至个人也可以有自己的 OKR。它们源于明确的目标，并通过一系列的成功标准来衡量目标的完成情况。首先要明确产品想要实现的目标，然后制定对应的指导方针，以便知道何时已经达到了这些目标。

这项工作旨在建立一个明确的北极星指标，并将其与其他组织指标和关键绩效指标相联系，以支持最高级别 OKR 和整体产品战略。所有这些协调工作都是为了确保组织的增长与产品的成功能够紧密结合在一起。这样做不仅能加强产品团队对公司的影响力和战略性输入，还能使整个组织更加专注和协调。

确保所有团队都致力于特定相同的组织目标，并跟踪支持这些目标的指标，这样公司才能以数据为依据，产品团队也能基于数据决策，了解产品使用情况对整体利润的影响。OKR 的目标是要有挑战性的，能够推动组织或团队的能力。

为 AI 产品制定一个可衡量、基于指标的产品战略非常重要，因为产品经理需要尽可能了解客户对产品的体验，以便知道如何改进和优化产品。之前讨论的所有内容：产品愿景、北极星指标、关键绩效指标和度量标准，以及 OKR 目标，都应该支持整体的产品战略。

可以使用类似于 ProductPlan 提供的图表工具(https://www.productplan.com/glossary/product-strategy/)，它们能够清晰地展示产品愿景和战略之间的关系，以及产品战略如何在推动产品的各个支持团队。产品战略与本章中介绍的各项指标相匹配，它影响着产品与客户以及企业内部团队的交互方式，产品与竞争对手相比的优势，并与宏观趋势相协调，制定产品路线图。

根据 ProductPlan 上发布的博客《产品战略》(https://www.productplan.com/glossary/ product-strategy/)，产品战略是一项高层计划，描述了企业希望通过其产品实现什么目标以及如何实现这些目标。这个战略应该回答一些关键问题，例如产品将为哪些用户提供服务(用户角色)，产品将如何让这些用户受益，以及公司在产品的整个生命周期中的目标。你可以将产品战略看作总体计划，而之前讨论的指标和 OKR 的跟踪、测量和改进则是具体实施该计划的方式。

在本节中，介绍了构建产品战略所涉及的几个关键要素以及如何衡量战略的进展。公司在这方面有哪些指标可以选择。公司或产品团队的决策取决于组织的具体目标、商业模型、市场策略、竞争环境和整体市场状况。

接下来将详细介绍增长黑客的要素，以帮助新兴的 AI/ML 原生公司或产品获得产品是否满足客户期望的及时反馈，从而实现产品市场适应性和取得商业成功。

10.2 增长黑客：以产品为导向的增长

在 10.1.1 节"北极星指标"中，谈到了以产品为导向的增长以及如何在企业中建立支持其实现的环境。对于一位 AI/ML 产品经理来说，这一点也非常重要。构建产品战略、选择最佳的指标和关键绩效指标，并确保与领导团队和主要利益相关者达成一致，其最终目标是使产品取得成功。换句话说，最终实现产品与市场的匹配。那么，以产品为导向的增长与此有何关联呢？

如今，业界一直在争论公司应该以市场营销为导向、销售为导向还是产品为导向。根据你在公司生态系统中的角色，你可能会倾向于自己的领域。作为产品经理，也可能有这种倾向，但是如果将市场营销或销售导向的增长推向极致，可能会陷入这样的困境：市场营销精心打造出一条与受众产生共鸣的营销信息，但实际上可能与实际构建的产品内容不一致。销售可能会为公司争取到理想的优秀客户，但会因为少数客户的偏好而影响产品构建。这两种方法都没有真正关注现实情况。

产品经理这个角色是多方面的，需要掌握多个学科，而与市场营销和销售的合作则是产品经理工作的延伸。一个产品不能独立存在。如果一个产品被开发出来，却没有人知道或购买它，那么产品就不是真的存在。为了构思和打造一个有机会成功的产品，产品经理需要进行大量的研究、市场分析，深入了解竞争环境和市场的真正需求。

通常情况下，产品管理就是这些活动的核心，并从一开始就参与其中。这并不意味着市场营销和销售不需要花费大量时间来了解市场。但产品团队会以整体考虑的方式，指定构建产品的优先级，并通过市场营销和销售来实际促销和推广销售。

最佳的组合方式是让产品功能从市场营销和销售部门(以及其他多个反馈来源)获取反馈意见，将这些信息吸收消化，并落实到正在开发的产品内容中。然后，一旦经历了这个阶段，产品功能就可以发布关于改进和优化哪些内容的信息，以及版本更新。理想情况下，这个过程是基于产品本身的使用体验来进行。

根据 Epsilon 最新的研究(https://www.epsilon.com/us/about-us/pressroom/new-epsilon-research-indicates-80-of-consumers-are-more-likely-to-make-a-purchase-when-brands-offer-personalized-experiences)，我们可以看到 80% 的消费者更愿意选择提供个性化体验的品牌。根据 Forrester 的数据(https://www.forrester.com/what-it-means/ep12-death-b2b-salesman/)，有 68% 的 B2B 买家更倾向于在线上进行交易，而不是与销售人员面对面交流，并且当他们与销售人员互动时，他们更希望得到咨询和问题解决的帮助。随着数字市场的不断发展，产品的构建和发布方式也发生了根本性的变革，以适应 B2B 和 B2C 领域的这一趋势。

这不仅是内部管理，还是对所有企业都会影响的宏观经济趋势做出回应。不论是 AI/ML 产品还是其他产品，都必须以高度关注的技术进行优化。

在下文中，要讨论的技术栈并不仅仅是个性化的问题；它正日益成为产品团队的必备要素。仅仅凭直觉和陈旧的商业眼光盲目摸索，是无法构建和优化产品的。我们并不是主张完全自动化的决策，而是积极倡导一种合作的方式，让产品经理、技术人员和领导者能够运用他们的批判性思维和长远规划能力，基于数据做出决策。

这也不是一味地对用户和客户进行监视。如果他们想要个性化体验，就需要进行大量的数据收集、分析和推荐。如果用户和客户希望在产品上线时立即感受到其价值和相关性，产品团队就需要深入了解产品的内部运作情况。产品团队需要对这些数据负责，因为这些数据直接与他们构建和推出产品的工作密切相关。

产品导向增长的核心在于价值的理念。如果构建的产品能够立即向用户传达它将如何使用户的生活/工作变得更轻松，并且用户可以立刻开始使用它，那么你就完全理解了这个任务的关键要领。如何实现这个目标就像是一场自选冒险故事(choose- your-own-adventure story)。整理杂乱无章的数据，需要使用各种各样的平台和工具。至于最终要采用多少产品来帮助完成这次冒险，将取决于你对产品导向增长的旅程有多么执着。

下一节将更详细地介绍产品经理依赖的工具类型。

10.3　技术栈：及时反馈

了解产品是否适合客户和用户并不容易，可能会遇到困难或者延迟，特别是当你没有设置好获取及时反馈的机制时。并非所有的公司都有机会直接向客户和用户全面征求反馈意见，以便做出正确的决策。这就是为什么如果想知道产品是否能够引起受众的共鸣，尤其是对于 AI/ML 产品而言，投资于增长黑客的技术栈是非常有帮助的。

在第 2 章和第 3 章中讨论了构建 AI/ML 程序所涉及的成本。因为 AI 的运营成本非常高，你需要尽快确保产品能够满足市场和客户的需求。

请记住，管理 AI/ML 项目时，成本可能很高，特别是如果产品的整体流程依赖于 AI/ML 驱动，并且在产品中构建了许多 AI 功能。如果缺乏数据反馈，运营的时间越长，产品将花费更多资源。这意味着无法及时知道产品是否与客户产生共鸣。

如果组织没有充分利用现有数据的能力，就需要依赖临时渠道。这些渠道可能是来自客户的直接反馈，或者是销售中的问题，但这些都不是可靠的衡量标准，因为它们可能无法洞察问题的真正原因。下一小节中讨论的工具类型作为奠定基础的构建模块，无论产品是 B2B 还是 B2C，它们都能帮助产品和公司取得成功。

再次强调：在技术基础设施上的投资可以为你获取所需的及时反馈，帮助你自信地构建产品，并且从长远看可以节省时间和成本。以下清单中的每一项并不需要都纳入考虑范围，但如果希望可持续地建立自己的优势，建议你考虑其中的一些。

10.3.1　客户数据平台(CDP)

客户数据平台(Customer Data Platforms，CDP)，可以将来自多个来源的客户数据集中到一个视图中，以便全面了解每个客户。通过使用 CDP，可以了解客户的身份、获客来源、他们与产品互动时的行为驱动因素、用户的交易数据以及人口统计数据。CDP 有助于将内部数据转化为客户画像，从而更好地了解当前的客户类型，并提供相应的佐证。有的人已经使用了一些工具(如 Salesforce 和 HubSpot)来维护一部分客户数据，但通常情况下，CDP 还可以从各个数据来源进行汇总数据。

CDP 的目的是收集、统一和管理客户数据，以便支持采取相应行动的决策。作为一名 AI/ML 产品经理，与市场营销、销售和市场团队的合作至关重要，通过使用 CDP 建立强大的团队合作关系将是确保客户群体朝着正确方向发展的重要步骤。如果未能实现这一目标，CDP 有助于你与业务发展团队合作，共同制定新的推广活动方案，以确保充分传达产品的价值。

对于 AI/ML 产品而言，由于运营成本非常高，产品经理需要与外部团队建立紧密的合作关系。这样做是为了确保产品能够引起未来客户和现有客户的共鸣，以保证能够在产品初次上市和持续迭代过程中获得价值。这对于建立一个 AI/ML 原生产品来说至关重要，因为这些产品是刚刚进入市场的新产品。

在没有与潜在用户、现有用户建立起有效的沟通和共鸣基础之前，需要花一些时间让销售、市场营销和市场推广团队进行试错。只有在确保有了足够稳固的基础后，才能自信地继续构建产品。常见的 CDP 包括 Segment、Klaviyo、Hightouch、Insider 和 Census。

10.3.2　客户参与平台(CEP)

客户参与平台(Customer Engagement Platforms，CEP)是一类广泛的概念。CEP 本质上是允许客户与你联系，同时也让你与客户互动的平台。它们能够帮助你完成各种任务，无论是在新客户或用户刚开始使用产品时进行引导，还是发送个性化的应用内消息或欢迎消息，甚至可以设置互动式的产品导览，帮助用户和客户更好地了解产品。此外，CEP 还能引导用户在使用产品时达到特定的行为或里程碑；向客户和用户介绍新的功能或新的用例；甚至发送链接，引导用户到产品体验的特定部分。

无论是 B2B SaaS 公司还是 B2C 公司，都希望能够与客户直接建立联系，而不仅仅是依靠电子邮件列表之类的方式。现实是，大多数人并不经常查看电子邮件，公司想要实现与客户的联系并没有那么容易。这些内容往往缺乏相关性。通常对于产品的客户或用户而言(无论是在应用程序还是平台上)，他们希望不被无关的内容打扰，他们只希望理解和他们相关的信息。作为产品经理，需要同时关注用户体验(UX)、用户旅程以及产品的采用情况。而使用 CEP

是一种与客户建立亲密关系并指导他们使用的好方法。

CEP 有助于避免客户由于对产品使用方式或功能不清楚而频繁联系支持团队。同时，如果有额外的升级或销售机会，CEP 有助于选择更加醒目地呈现在客户界面中，从而推动收入增长。

作为一名产品经理，应该了解哪些特性最能让客户感到满意，因此使用 CEP 是一种有效的方式，可以管理客户在应用程序中的行为，从而为他们提供良好的体验。此外，CEP 还是在应用程序内调查收集反馈的好方法。常见的 CEP 包括 UserPilot、AppCues、WalkMe 和 Intercom。

10.3.3　产品分析工具

与客户进行沟通并听取他们的反馈是保持开放对话和持续改进的关键，这样可以在持续构建和推出客户需要的功能的同时，改进那些客户使用体验差和价值感知弱的功能。然而，如果你不想给客户过多的引导，而是希望他们向你展示其行为，完成什么操作以及持续多长时间，这时就需要进行产品分析了。

产品分析工具可以跟踪各种用户行为，并创建用户行为漏斗，以更好地了解用户是如何操作并体验产品的。通过在应用程序或平台上设置特定事件的埋点，可以分析这些事件的整体情况，并设置触发器，在特定用户执行特定操作时上报日志或触发提醒。同时，还可以对用户进行分组，以便更好、更有针对性地与他们进行沟通，并创建用户在产品中的使用旅程漏斗。

通常，产品分析工具都会提供一些内置的 KPI 跟踪和仪表盘，可以直观地了解特定流程和漏斗。不过，如果已经建立了数据仓库，还可以将数据传输到数据仓库中，并使用 BI 工具进一步分析，或者将其与数据仓库中的其他数据集进行交叉分析。

AI/ML 产品经理通常都需要经常使用这些工具，因为通过这类工具可以密切关注产品动态，并及时获得反馈信息。能让你及时发现用户是否顺畅地与产品进行交互，并按照最初的设计方式使用系统。即使你不使用 CEP，产品分析工具也可以为你提供大量的洞察，以确定是否存在明显的问题。随着产品的不断成熟和演进，产品分析工具可以反映客户和用户群体是否随之同步发展。常见的产品分析工具包括：Amplitude、Pendo、Mixpanel、Matomo 和 Heap。

10.3.4   A/B 测试工具

在前面的章节中详细讨论了优化的概念，以及对于一个不断发展的 AI/ML 驱动产品组织而言实验精神的重要性。其中，A/B 测试是最好的实验方式。当构建带有 AI/ML 功能的产品时，需要比较不同的模型类型，同时也需要对不同群体测试产品的不同版本。在产品开发和迭代中，可能需要进行各种各样的 A/B 测试，包括产品的外观和体验、功能的布局方式、用户引导、跟踪用户采用产品的指标，以及激发用户对产品进行宣传。

设计产品时，特别是推出新颖的 AI/ML 产品时，很难准确决策如何最吸引用户群体。A/B 测试有助于收集数据，了解哪些迭代比其他迭代更成功。在优化产品使用、个性化程度以及确定哪些迭代最有助于提高转化和增加收入方面，可选不同的途径进行 A/B 测试。投资 A/B 测试工具不仅能加强组织的实验文化，还能帮助跟踪无数次测试，并记录测试的洞察。

可以选择将这些数据传输到数据仓库，进一步挖掘洞察，并与前面提到的其他 BI 工具的实验方法相结合，或者将其存储在 BI 工具的仪表盘上。无论使用哪种方式，A/B 测试工具都可以帮助产品经理组织和跟踪产品开发迭代的结果，反复进行 A/B 测试。A/B 测试工具几乎可以用来对任何东西进行 A/B 测试，无论是营销活动、功能、按钮、链接、颜色、字体，还是任何可以从中获得定量和定性反馈的元素。常见的 A/B 测试工具包括：VWO、Optimizely、AB Tasty、Google Optimize 和 Five Second Test。

10.3.5　数据仓库

数据仓库是一种类似关系数据库的存储系统，它能够集中存放数据，其功能类似于 CDP。但是，数据仓库的主要优势在于它可以对数据进行格式化、转换和标准化，以便供 CDP 和 BI 工具使用。在第 1 章中，曾经强调过数据仓库的重要性。之所以需要一个数据仓库，是因为它是所有相关公司数据(包括客户数据)的核心支撑系统。可以将其比作将数据传输到各种工具的主要通道。此外，通过数据仓库还可以查询已有的数据，从中获取有价值的洞察。

数据仓库是一个中立的存放空间，当数据不被直接查询或通过其他工具连接到它时，数据可以一直保存在其中。当管理 AI/ML 原生产品时，也应该以中立的方式思考产品的成功，因为成功来自一系列事件和条件的集合。产品需要与客户和用户进行沟通，而产品的构建也需要直接面向解决用户的需求和问题。数据仓库将成为你主要的真实数据来源，能够在适当的时机将数据发送给负责产品沟通的团队，以及负责产品构建的团队。

注意，数据的存储方式会对财务和战略决策产生重大影响。你可以选择数据湖或其他关系型/非关系型数据库，但它们并非真正的数据仓库，即便可能有人会这么做。作为产品经理，需要参与到这个决策中，因为存储数据的方式和位置将影响你采用哪些增长黑客工具以及最终能从数据中获得多少洞察。

如果数据存储在数据湖中，则数据的交互就很不方便。数据仓库的设计初衷是对数据进行优化，以方便推送到其他环境中。一些可靠的数据仓库选项包括 Snowflake、Amazon Redshift、Google BigQuery 和 Databricks。

10.3.6　商业智能(BI)工具

虽然通过 CDP 和数据仓库可以以特定的方式使用数据，但它们还不够强大，不足以有效地深入探索数据。虽然 CDP 在建立某些模式、理解不同用户角色的旅程等方面很有用，但它们并不适合进行深度探索数据。数据仓库可以直接查询数据，但无法直接在数据仓库中进行数据可视化或数据处理。这时候，BI 工具就派上用场了。

商业智能(Business Intelligence，BI)工具可以帮助你分析数据仓库中来自各种地方的数据。BI 工具的目的是帮助你解答关于数据的重要业务问题。单独存储的数据处于休眠状态，并不能提供有用的信息或洞察。只有通过分析数据，才能发现其中的价值，如趋势、洞察和知识。将休眠的、分散的数据整合和处理是一项繁琐的过程，如果没有 BI 工具的帮助，是非常困难的。此外，BI 工具还可以创建团队所需要的仪表盘，定期检查本章中提到的指标的健康状况。

尽管数据仓库存储的是真实数据源，但只有通过 BI 工具，才能看到这些数据是否真实反映了现实情况。BI 工具不仅可以验证数据的准确性和可视化效果，还能建立数据驱动的决策系统。对于一个新产品或业务的研发和推广，总会伴随着各种风险，难以预知其结果。

BI 工具帮助我们尽可能清晰地看到已知的信息，最小化风险。此外，BI 工具不仅在内部具有巨大的价值，还能帮助我们通过客户仪表盘、营销和销售材料以可视化方式传达数据。如果你制作信息图表、销售展示，并通过图表和图形与客户进行沟通，那么这些都很可能是通过使用 BI 工具完成的。

简而言之，BI 工具就像是一个数据精炼厂，能够更好地打磨你想要传达的信息，以及在内部所要反映的信息。常见的 BI 工具包括：Power BI、Tableau、Sisense、ThoughtSpot 和 Looker。

10.3.7　增长黑客工具

快速取得成功不仅是 AI/ML 产品经理，而是所有产品经理和创业者的必备条件。增长黑客工具的核心是找到赚钱的最佳途径，提升品牌知名度，以及寻找优质潜在客户。虽然大多数产品不会一夜爆红，但之前介绍的工具确实能帮助你在追求成功的道路上有章可循。它们能够为你提供所需的信息，让你基于有效的方法和客户真正的需求做出明智的当前决策和未来决策。之前讨论了一些不同的产品类型，这些产品对于实现 AI/ML 产品的增长和成功非常有帮助，但实际上还有许多有价值的工具并不局限于这些特定类型。

例如，Expandi 借助 LinkedIn 进行社交销售活动。Crystal Knows 利用 AI 生成用户个人的画像，为行为和情感提供深入洞察。Landbot 可以构建聊天机器人，能够在应用内或平台上与客户进行互动。Hotjar 可以查看用户在产品中光标移动的热力图和其他数据分析，以了解用户的行为习惯。UsabilityHub 可以对真实用户进行用户体验研究。Fomo 可以通过透明度和社交认同感，树立品牌信誉。Leadfeeder 可以将网页访问者转化为潜在客户的线索。

市场上有许多产品可帮助公司找到产品市场匹配(Product Market Fit，PMF)的最佳平衡点。产品经理则需要综合考虑选产品路线，既能保证和维持产品开发的顺利进行，同时也能停下来反思，审视已做出的决策和行动，评估这些决策是否让产品离最终目标更近一步，也就是 AI/ML 原生产品的商业化目标。

接下来的部分将讨论管理 AI 流程所涉及的成本，以及它们对产品定价的影响。虽然引入 AI 可能会带来一些效率提升，理论上应该能够降低成本，使产品价格更低，但实际上内部管理 AI 项目的总成本却相当高。因为这些成本会对产品运营的整体成本产生影响，所以它们通常会转移到客户身上。

10.4　成本管理和定价：AI 是昂贵的

制定定价策略是一项高度个性化的任务，需要考虑多个因素，包括竞争对手的价格、管理 AI/ML 基础设施和工作流的运营成本等。在本节中，将简要介绍 AI 产品管理中影响成本的各个方面，定价策略的运用，以便了解 AI/ML 项目成本的主要组成因素。

首先是 AI/ML 资源本身的成本。根据 WebFX(https://www.webfx.com/martech/pricing/ai/)的数据，大多数 AI 顾问的收费标准在每小时 200 美元至 350 美元之间，而定制的 AI 解决方案的成本范围在

6000 美元至 300 000 美元之间。如果选择使用第三方 AI 软件，其费用每年可能高达 40 000 美元不等。也许有人会想，依靠咨询顾问来构建一个 AI/ML 原生产品是个不错的选择，但这并不是最佳实践。一旦出现问题，即使是小问题，也需要花费大量成本来解决。如果招聘正式员工，避免寻求外部帮助，那么在纽约市招聘一名机器学习工程师的平均薪水为 162 591 美元。而如果招聘一位机器学习工程师团队的管理者，在纽约市的平均薪水为 207 728 美元。

　　然后是支持 AI 的技术栈的成本。运行、维护、训练、查询、存储和处理数据以及 AI 系统都需要成本。此外，还有许多正如之前提到过的增长黑客工具等，它们的价格也各不相同。管理各种供应商关系、合同、价格区间和预算，以控制使用成本，也都需要额外的人力成本。管理 AI/ML 基础设施，使产品团队能够有效扩展和成长，以满足市场需求，这是一项高成本的任务，但很值得！

10.5　本章小结

　　在本章中，专注于 AI/ML 产品的跟踪、营销、推广和销售。介绍了产品经理可以通过使用指标和关键绩效指标(KPI)来对产品及其成功进行跟踪的各种方式，以及这对整个组织和产品在用户群体中成功采用的重要性。同时，将这种基准设立在推动跟踪和指标的整体产品战略和愿景之下。所有这些活动都有助于产品经理了解产品是否符合活跃客户和用户的需求。

　　接着，详细讨论了如何使用增长技术栈中的各种工具来获取外部反馈，了解产品的优势和不足，并直接影响用户体验。介绍了增长黑客的要素。无论是希望优化用户获取、参与度还是用户保留，都需要找到一种方法来收集数据、进行分析，并将其用于做出关于添加、删除或改进功能的实际决策。随着组织越来越注重数据和数据驱动的长期趋势，这些因素在软件界创造了一种全新的文化。

　　客户希望获得一种直观而自然的体验，这种体验让他们确认决策是正确的,正在使用的产品正是最适合他们需求的工具。客户不希望与客服人员交流,甚至不一定相信营销宣传。他们希望直接与产品交互,通过探索体验来判断产品的真正价值。这是与过去构建和销售产品的方式有着巨大的转变,因此作为产品经理,我们的责任就是提供符合客户期望的体验。

客户和用户明白他们的使用行为正被跟踪,他们也通过实际使用来考验我们。客户和用户希望我们运用智慧来提供一种符合他们认知的,又能满足他们期望的体验,而这就是产品经理需要全力以赴的挑战。这是新时代的互助互惠的方式,产品经理应该利用所有用户行为数据,使得用户体验更简单有效。

本章是本书第 II 部分的结尾,到目前为止,已经涵盖了许多关于 AI 原生产品的主题内容。在这部分中,讨论了如何构建和产品化 AI/ML 原生产品,并探讨了在 AI 产品中个性化和垂直化的概念,以及一些将 AI 功能和特性融入产品的常用方式。了解构建 AI 原生产品的过程,为本书的第 III 部分提供了背景基础,该部分将介绍如何将 AI 集成到现有的传统软件产品中。从第 11 章开始,将重点讨论 AI 在各个行业中的广泛影响。

第 III 部分

在现有产品中融入AI

许多公司正在将 AI 和机器学习融入他们现有的产品，因为 AI 在各个行业中都能建立竞争优势和战略影响力。

本部分将专注于如何让现有的、尚未使用机器学习或深度学习的产品利用 AI 进行演进。在第 II 部分中，讨论了构建 AI 原生产品的过程，以及从数据、公司和战略角度出发的最佳实践。现在，用同样的视角，比较和分析将 AI 融入现有产品的演进过程。通过本部分的学习，将了解 AI 对各个公司及其所在行业的影响和范围。最后，将提供一份全面指南，介绍如何将 AI/ML 功能融入传统软件产品中。

这部分包括以下章节。

- 第 11 章：AI 的浪潮
- 第 12 章：行业发展趋势与洞察
- 第 13 章：将产品演进为 AI 产品

第11章

AI的浪潮

作为第Ⅲ部分的开始，本章重点讨论如何利用机器学习演进现有产品，以充分利用 AI 的优势。这类产品称为非 AI 原生产品。在第Ⅱ部分中，探讨了 AI 原生产品的构建过程，并介绍了从数据、公司和战略的角度的最佳实践。现在，将用同样的视角比较和分析尚未运用 AI 的现有产品的演进过程。

具体来说，本章将重新介绍第四次工业革命的概念。对于从事创业或担任产品经理角色的人来说，本章将作为提醒和蓝图，帮助产品和组织充分拥抱 AI。本章强调 AI 带来的转型的重要性，以及 AI 对各行业的意义。对于正在着手采用 AI 的人，本章希望为他们提供一个可靠的计划，以帮助他们在推广AI 的产品和整个组织中充满信心地前进。对于那些仍然怀有疑虑的人，本章希望予以激励，并为他们清晰地展示未来的愿景，以便准备迎接这样的转变。对于那些反对采用 AI 的人，本章希望能够说明如果不采用 AI 公司会面临的困境。

在本章中，11.1 节将继续探讨 AI 的发展对企业和产品的意义，以便更好地传达在行业层面上拥抱 AI 所带来的竞争优势。11.2 节将详细介绍一些可行的方案，供那些希望在 AI 浪潮中获得利益的公司选择。11.3 节将专注于产品经理层面上对采用 AI 的心态和态度，以及产品经理如何在整个组织中传达 AI 的采用情况。

本章将包括以下主题。

- 演进或淘汰：变化是唯一不变的
- 第四次工业革命：技术的进步和变迁
- 摆脱恐惧：收获大于代价

11.1　演进或淘汰：变化是唯一不变的

AI 是所有行业演进的竞争必要条件，是一种迫切的模式转变，需要产品经理对即将到来的事物有充足的准备。每个行业都是一个独立的领域，一旦行业内的公司开始通过采用 AI 取得成功，AI 采用就会加速发展。正如之前提到过的，产品经理本质上是一种商业化的角色，因为作为产品经理或产品领导者，其任务是确保产品的商业成功。推广 AI 产品所带来的竞争优势和营销效果是毋庸置疑的。

AI 的采用不仅仅局限于市场营销领域，它还能够在各行各业推动实质性的进步。从医疗保健到科技，再到教育和政府，所有的经济和社会领域都将因为 AI 而发生改变。随着 AI 的采用，行业与原材料的关系，产品的规划、预测和制造方式都将发生转变。世界经济论坛(World Economic Forum，WEF)将当前所处的工业革命定义为"融合技术的时代，模糊了物理、数字和生物领域之间的界限"。这个描述非常恰当，因为 AI 和机器学习的确正好处于这些领域的中心位置。对于物理领域，可以将物理世界的事物转化为数据的形式。这些数据可以代表周围的环境，也可以代表人类的身体。这些数据的收集和处理不可避免地需要与 AI 和机器学习进行一定程度的交互，以便能够采取具体的行动。一旦开始这个行动，人类将可以发挥无限的创造力和灵感，创造出新的组合和表达方式，颠覆目前所见的用例。

　　我们的生活正在以明显和隐晦的方式发生变化，这不仅仅影响到 AI，还涉及许多其他技术领域。我们目前正亲眼见证这些领域的巨大突破。世界经济论坛还指出："数十亿人通过移动设备相互连接，在处理能力、存储容量和知识获取方面拥有前所未有的能力，这其中充满了无限的可能性。而且，这些可能性将因为 AI、机器人技术、物联网、自动驾驶车辆、3D 打印、纳米技术、生物技术、材料科学、能源储存和量子计算等领域的新兴技术突破而得以倍增。"我们有幸在这个时代见证这一切。我们正处于一场技术复兴，每当我们阅读新闻、下载白皮书或者找到一篇研究报告时，都可以实时地见证这场复兴的进展。相比 10 年前我还没有 iPhone 的时候，我不断提醒自己现在的技术进步是多么令人兴奋。

　　我们正在不断突破现有的领域，但这些进步也会伴随着一些负面影响和代价，例如失业问题。工作自动化将替代那些常规工作和任务，而几乎所有的工作都有一些日常的、重复的内容。这是不可避免的。这也是为什么有些人对 AI 时代感到担忧，因为他们担心 AI 会取代他们的工作。毕竟，对于一家公司，如果可以通过自动化、购买产品或使用某种形式的 AI 来替代人工劳动力来完成工作，那么何乐而不为呢？有些人从事运营、采购或财务工作，他们的工作就是寻找为公司节省开支的方法，甚至这些人的工作也可能被自动化取代！最终，这种变革将会到来，与此同时，我们将不断地通过头条新闻了解这一切。

　　更有可能的是，AI 将在某种程度上辅助大部分工作人员的工作。我们并不是要淡化 AI 所带来的整体代价。诸如数据录入和制造业等工作将永远不会出现，也不应该出现。毕竟，谁喜欢做数据录入呢？谁喜欢从事无技术要求的低薪工作呢？甚至把这样的工作称为"无技术含量"或"低技术含量"是带贬义的、不公平的，其实往往是企业为了辩护其低薪标准而已。美国多年来一直在研究工资增长滞后，但同时仍在争论所谓的合理最低工资，这实在令人啼笑皆非。不过，AI 很可能通过自动化替代这些低工资的工作，从而终止这些无谓的争论。AI 能够取代那些让人不愉快、单调乏味和压迫性的工作。AI 也能够让人们充分发挥好奇心，并通过创造性、复杂问题解决能力和批判性思维的工作赚取更多的钱。大多数人都渴望后面这种工作，而不是想要一份日复一日、枯燥乏味，且没有门槛的工作。

尽管前景充满挑战，但机遇同样存在。许多未来的工作，现在我们还无从知晓。据戴尔和未来研究所(IFTF)的报告，到 2030 年，将有 85%的工作是现在还不存在的。这个报告实在令人惊叹。这一切都将拭目以待。就在 15 年前，我们还不知道什么是社交媒体经理。其他职业角色也发生了转变，例如账户经理的角色逐渐演变成更加注重销售的客户执行角色，或者更注重绩效的客户成功经理。数据分析师和数据科学家这两个概念也是不久前才出现的。这两个角色的职能已经存在了一段时间，而这些角色的正式提出及其定义是一个新时代的发展驱使的。在不久的将来，可能经常会听到类似远程外科医生、数据经纪人、无人机经理和虚拟现实技术员等职业。

就像其他技术革命一样，AI 的采用将对我们产生积极和消极的影响。现在的学校、办公室、医院和家庭中都通电，这给我们带来了好处，但同时也带来了挑战。我们如何评估这种技术对我们生活和工作方式的巨大改变所带来的社会和经济效益？当初电力的发明者们能预见到他们的突破最终将推动互联网和 AI 的发展吗？或许，他们也无法理解和想象其重要性。此外，也需要关注 AI 的风险。毕竟，AI 可能会加大就业岗位之间的差距。那些能洞悉未来，预见到自己的工作将因 AI 而改变的人，能更好地为未来做准备，也能适应改变而获得更多的收益。然而，也有人可能会发现他们的工作被自动化技术所替代，这是必然趋势。

希望政府和企业能够携手共进，共同拥抱这种技术变革，同时希望各行各业能够认识到：需要专业人才来帮助构建下一代产品，并通过付费实习、培训计划和领导力项目来培养更多有潜力的人才。我经常在各种场合发表演讲，谈论技术提升和职业转型，我总是提醒我的听众，他们对提升技术的兴趣、投入和承诺对整个社会都有巨大的帮助。数据分析师、数据科学家和机器学习工程师非常抢手，市场上存在巨大的缺口。这些领域需要更多经过培训、经验丰富的人才才能满足企业的需求。如果你踏上这个学习之旅，你一定会获得成功，并且获得一个感兴趣的终身职业。我们希望大型机构能够意识到帮助个人提升技术的好处，并投资以使这种转型更加顺利，因为这是一项对社会和经济的投资，对每个人都有利的投资。

11.2 第四次工业革命：技术的进步和变迁

AI 的采用对所有行业和工作岗位都将产生深远的影响，技术和非技术角色之间的界限也将随之改变。目前，AI 被认为是一个新兴的趋势或浪潮，但这个浪潮正在迅速变成海啸。为了在与竞争对手的竞争中保持竞争力，所有行业的公司都将不得不采用 AI 技术，加快数字化转型的步伐。随着越来越多的公司完成 AI 的采用，我们还将看到以数据为核心岗位的需求不断增加，因为大多数产品、内部运营和客户讨论都将因为公司的 AI 采用战略而不断演进。

自动化机器学习(autoML)公司和产品已经开始兴起。像 DataRobot 和 H20.ai 这样的公司不断地推出 autoML 产品。这意味着任何人，甚至不是专职的数据科学家和机器学习工程师，都能够使用、调优、测试和部署性能优良的机器学习模型。这样一来，人们将更容易地使用 AI。这也引发了一个问题：数据科学家和机器学习工程师将会发生什么变化呢？

随着越来越多的公司拥抱 AI 并制定 AI 战略，即使是初创企业也会发现自己需要寻找合适的资源来推动发展。业务战略将决定如何应用机器学习和高级分析。最终，预测、市场策略和增长战略将影响组织内部如何快速、以何种方式创建、持续推进和扩展 AI 项目。可以选择从产品入手，也可以从人力资源或财务职能等内部应用开始使用 AI。总的来说，AI 的最佳应用包括推荐、排序、异常检测、分类、预测或回归，以及聚类或分组。

　　所有这些用例都可以运用于产品或内部流程中。例如预测某些产品销售量，以便进行库存管理。检测一些客户的购买行为是否存在欺诈。将客户分组为目标分类。所有这些问题都可以通过 AI 来解决。同样地，可以在产品开发中使用某些算法，使得产品能够为客户进行预测，展示他们与同行的表现对比，或向他们提供关于其表现异常的洞察。AI 同时适用于内部应用和面向客户的应用。

　　AI 初创公司的数量、风险投资金额、就业岗位以及发表的 AI 论文的数量都呈指数级增长。AI 的巨大需求和投资爆炸才刚刚开始。

　　对于开始拥抱 AI 的公司和领导层，了解 AI 所能带来的各种机遇至关重要。公司和领导团队必须充分了解采用 AI 的业务意义和竞争优势。AI 的作用不仅局限于产品功能本身。由于 AI 非常依赖于数据，其效果取决于性能基准测试，因此首要任务是在整个组织中建立一个健康的数据驱动文化。如果没有一个稳定的基准，很难体现 AI 所发挥的作用。在实施 AI 项目和在产品中引入 AI 功能之前，建立指标和 KPI 来跟踪业绩对于衡量和传达产品成功至关重要。建立这种文化必须自上而下，企业领导者需要投资于建立这种文化，才能更好地看到 AI 采用的成功。

　　第二个要强调的文化影响是在 AI 领域要拥有一种乐于尝试、开放、好奇的文化。根据 VentureBeat(https://venturebeat.com/ai/why-do-87-of-data-science-projects-never-make-it-into-production/)的报道，有 87%的 AI 项目以失败告终。其中很大部分原因在于组织没有为采用 AI 做好充分的准备。给数据科学、机器学习和产品团队施加压力和紧迫感，并不是促使他们成功的方法。在 AI 采用方面，需要进行迭代、实验，并尝试各种用例，这对于组织采用 AI 至关重要。在开始采用 AI 时，需要保持理性的怀疑态度和适度期待。而在初步取得成功时，也需要在组织中进行热烈庆祝。

　　产品战略的制定将决定 AI 项目开展。接下来，将讨论与 AI 战略相关的主要投资领域，以便你能够根据业务选择最佳行动方案。

最好的实践方式是逐步采取这些方法。从咨询顾问开始，并逐步增加投入，这样可以使 AI 采用和战略方面的实施更加稳妥。

11.2.1　与咨询顾问合作

如果你刚刚开始接触 AI，最好先寻求咨询顾问的帮助。否则，在 AI 领域进行研究，可能会无从下手。你还需要做出一些决策，例如想要什么样的基础设施，高科技项目的报告结构是什么样的，以及在组织中，哪些数据或 AI 项目的应用最容易体现 AI 的效果。最好能够从一个具有影响力大的小型项目开始，毕竟第一次尝试 AI 很可能会遇到阻力。

这个领域对我们来说还是个未知数，目前还没有一个明确的成功标准。对于初次尝试的项目，或者建立适合的基础设施和工作流程，顾问们的帮助是非常有价值的。许多公司会尝试自己搭建 AI 流水线，而不是寻求外部顾问和战略师的帮助，但如果你对于如何管理 AI 项目没有足够的理解，可能会因为没有经过深思熟虑的决策而浪费大量资金。

11.2.2　与第三方合作

你也可以选择一家咨询公司帮助你，而不是仅仅依赖个人咨询顾问。这类似于 11.2.1 节叙述的内容，只不过你是要通过一个咨询团队或者一家有着类似经验和良好信誉的公司进行协作。第三方机构也倾向于垂直化，所以你需要物色专门从事相关行业或具体用例的咨询公司。了解自己的目标与同行业竞争对手的关系，可以确保你在竞争中朝着正确的方向前进。与一群顾问合作还可以让你从多人那里学到知识，他们将与你的员工共同工作，并帮助你培训他们。

许多公司都很难找到拥有所需经验的合适候选人，因为他们很难找到真正具备所需经验的人才。AI 是一个广泛的领域，根据产品专业化程度，可能很难在现有的人才中找到足够的内部支持。咨询公司拥有自己的 AI 人才网络，因此与可信的公司建立合作伙伴关系意味着可以获得第三方的指导，以适应 AI/ML 需求的变化。这样做是为了防止后期在基础设施或业务投资上做出错误的选择。同时，这也是确保你能够获得真正适合的人才储备的方式。

使用第三方服务商需要谨慎，这种做法一般适用于高层组织教育或者特定的概念证明。如果你试图通过招聘顾问来为产品或某个内部功能提供服务，想让他们为你创建一个有效的机器学习产品，然后再由工程师接手，那么你大概率会失望的，因为你可能还没有招聘到合适的员工，机器学习项目也可能会因为成果不佳而无法得到公司或领导层的支持。

也许你拥有优秀的开发人员，他们擅长调整、重新训练和部署模型，却无法胜任算法建立或模型选择的任务。这时你需要一位精通统计学的人，为产品创建最合适的模型。要尽可能避免通过咨询服务来完成 AI 的初步采用。如果你希望开始数据战略和 AI 方面的工作，则可以借助咨询服务来了解情况并做出决策，然后投资于一位全面了解你业务的内部人员来继续推进。

11.2.3　首次招聘

现在谈谈首次招聘。并不是每个人都能胜任当第一位招聘的数据科学家。你的首个招聘人员需要是一位全能型的角色，就像顾问一样，能够为你提供各种可选方案。与顾问不同的是，招聘人员将全职为你工作，因此如果领导团队同意他们的建议，他们就可以立即行动。在评估和面试这位候选人时，你要明确告知他你希望在哪个业务领域引入 AI、自动化、高级分析或机器学习。此外，需要明确表明该职位的目标，并说明需要的帮助，以及现在所处的阶段。如果你只能招聘一名员工来启动工作，则需要确保你们对于首个项目的内容达成一致，以免后续出现意外和分歧。

在招聘 AI 产品经理之前，需要对自己的数据和 AI 战略有一个清晰的认识，以避免给候选人带来过多不切实际的压力。AI 产品经理、机器学习工程师、数据科学家、数据工程师和数据分析师都有自己的专长，基本上找不到一位全能的人。要找到一个能够同时构建最佳数据基础设施和工作流程、构建流水线、清理数据、加载模型、适当训练模型、部署模型，并以对业务有意义的方式传达工作成果的人，几乎是不可能的。在开始招聘整个团队之前，你需要明确如何将他们的工作有意义地组织起来。这些岗位的人员成本较高，因此在明确如何组织他们之前，不可盲目投资一个团队。AI 是一项巨大的投资，所以在开始招聘之前，确保自己对 AI 有充分的了解，并合理利用他们的建议，避免浪费资金。AI 团队是一个生态系统，每个人都有自己的分工和合理存在的理由。

11.2.4 第一个 AI 团队

假设你已经明确了切入点，为数据和 AI 团队提供了合适的早期项目，并且你已经在 AI 应用方面取得了一些成果；那么一旦你的业务发展起来，各个部门都开始向你咨询如何启动他们的机器学习项目；然后，数据科学家或机器学习工程师就开始顾不过来。这时候就需要组建一个团队，或者是一个全新的部门。在之前的章节中，提到过 AI 产品经理、机器学习工程师、数据科学家、数据工程师和数据分析师，而这些角色就组成了 AI 团队。他们将负责构建 AI 功能，并优化基础设施、数据管理、工作流程、数据流水线、模型构建与训练、部署以及与业务的沟通。AI 管理需要大量的工作和维护，因此最好有一个专门的团队来负责。如果经济能力允许，并且你知道如何最有效地利用员工、保持他们的积极性，他们将为你的产品和业务创造大量机会和成功。

11.2.5 无代码工具

接下来要讨论的是低代码或无代码工具，例如 DataRobot 和 H2O.ai。使用这些工具并不是无门槛或立即能获得成果，这些工具主要供数据科学家使用。使用者必须具备一定的理解能力和领域知识，才能理解这些工具并从中创造价值。无代码工具最大的优势在于它可以简化数据科学家或机器学习工程师在项目上的工作负担，但不替代他们。在 AI 团队中使用哪些工具应该在早期的基础设施讨论中进行决策。

11.3   摆脱恐惧：收获大于代价

对于产品经理来说，有信心并梦想成功是至关重要的。这个角色涉及很多抽象概念，例如构建产品的愿景、使命和策略，产品经理最终需要结合这些内容来创建一个能够实现这些概念的路线图。作为产品经理，必须提升自己的表达力。同时，只有保持对目标的清晰和专注，才能形象地表达清楚目标。这一切都是关于进行目标对齐。产品经理会一遍又一遍地问："我们是否对齐一致？"。对齐是产品经理这个角色的重要任务，产品经理的工作职能本身就是保证各个方面对齐一致。你需要将领导力、市场营销、销售、客户成功、运营、财务、工程与其他与产品相关的业务功能进行对齐，并帮助所有这些团队构建出有价值的产品。

作为产品经理，心理建设非常重要。在本节中提到心理建设，是因为许多产品经理可能会陷入应对 AI 的繁琐任务，而其实对此并不了解心理建设的重要性。正是因为对 AI 的恐惧，我决定写这本书。我初次担任机器学习产品经理时，内心出现了恐惧及其类似情绪。一开始，我自己对 AI 感到不安。在成为产品经理之前，我虽然有数据科学和机器学习的背景，但仍然感到恐惧和不确定。为了抑制这种恐惧，我开始组织一个关于数据科学、AI 和机器学习书籍的读书俱乐部。每读完一本书，我都会发现自己对这个领域的了解变得更加自信。于是，我开始撰写并分享自己的文章，以缓解我在管理 AI 产品时感受到的复杂情绪。

当我冷静地审视这些情绪时，发现我对自己的知识和技术仍然有所怀疑，这让我感到有些好笑。毕竟，真正从数据科学和机器学习领域转型成为产品经理的人并不多。因此，我敢说，大多数产品经理可能会像我一样，面临着各种复杂情绪的挑战。特别是在前面的章节中，我专门讨论了非机器学习原生产品，因此本节先强调产品经理心理建设的重要性，再进一步深入探讨如何利用 AI 和机器学习的力量克服内心的恐惧。

那么，我们能从中获得什么呢？首先，可以进行营销。AI 仍处于相对早期阶段。除了一些顶尖科技公司，大多数企业对 AI 的采用还比较有限。这意味着在这个阶段，至少在未来几年里，那些推出带有 AI 功能的产品的公司仍然处于领先地位，而现在可能就是发布 AI 功能的最佳时机。推出带有 AI 功能的产品，你有机会更快地争取更多的市场份额，比竞争对手先一步将理念和营销信息传达出去："我们是唯一一个采用 AI 技术的 X"，尽管这样的独特卖点只能持续一段时间。在许多行业中，AI 功能本身就成为市场营销的差异化因素。

不只是营销方面，如果正确实施，AI 功能可以打造更强大、更智能的产品。实际上，产品功能和结果将扩大你的产品声誉，并促进业务增长。如果你能够巧妙地运用 AI 功能，让产品能够帮助用户节省成本、节省时间，或者更快地赚钱，那么你应该从成功案例中汲取经验。AI/ML 的潜力在于这个等式：数据＋模型＝更多数据和更好的模型。只要数据保持干净且模型定期更新，AI 的性能将会提升。不断重复这个过程将会提高你对产品功能和市场表现的直觉。当你开始看到 AI 功能为产品带来规模增长和洞察时，你将开始预见到可能出现的 AI 产品问题。作为产品经理，需要保持适当的警惕。

预见潜在风险

作为 AI 产品经理，需要具备防范潜在问题的专业能力。AI 功能可能会对客户数据进行一些自主处理，作为产品经理，需要预见潜在的风险。作为产品经理，既需要解决用户在使用产品时最重要的商业问题，又要尽量减少可能的负面影响。

我们既倡导要成为一名无畏的 AI 产品经理，然后又提到了应该害怕的事情，目的是做一个区分。我们更希望你害怕 AI 潜在的有害影响，而不是害怕AI系统的复杂性。了解结构和复杂性较为容易，确保妥善处理这种复杂性却非常困难。举个示例，不要担心从哪里开始实施AI功能，而要担心这些功能可能对用户和客户产生负面影响，无论是与AI功能向用户展示的选择相关，还是代表客户做出的决策，又或者是缺乏可解释性的结论。

作为管理 AI 产品的产品经理，我们肩负着重要的责任，因为 AI 可以产生惊人的影响力。对于 AI 产品来说，设计和优化至关重要。确保产品在学习过程中使用具有代表性且没有偏见的数据样本，这并不容易。确保产品对所有类型的用户公平包容，并且数据的完整性良好，这也不容易。还必须考虑与产品交互后，影响到用户和客户的短期以及长期产生影响的连锁效应。举个示例，如果产品是一个约会网站,能否确保向用户提供的选择在用户群体具有代表性，且没有偏见？

针对以下一些问题，应贯彻对 AI 产品的管理。

- 在使用 AI 系统后的数月或数年内，用户或他们的数据可能会发生什么变化？
- 产品对用户的数据和隐私是否处理适当？
- 是否能够确保用户的数据免受攻击？
- 是否有相应的监督和平衡机制，确保组织能够对 AI 进行控制？
- 在产品开发的生命周期中，是否存在人工监督，或者是对潜在问题或违规行为做出反应？
- 模型是否具有可解释性和透明性？
- 你和工程师是否有合理的依据来解释产品代表用户所做出的洞察和决策？
- 是否能够自信地说，一直在持续评估模型的决策和性能？
- 是否考虑了数据漂移和模型衰退的因素？

根据产品组织的发展程度，组织中可能会有产品经理专注于个别产品，并作为产品负责人。可能会有产品经理专注于基础设施和开发者工具方面。作为一个 AI 产品经理，你可能更关注研究方面，寻找新的创新点来丰富产品线。也可能有一个角色专注于构建 AI，并更关注产品的伦理问题。如果你是唯一的产品经理，你需要考虑上述所有方面，并对各个方面都有一定的了解。

产品经理角色的定义方式也将发生改变。现在，还会有一些角色专注于 AI 或机器学习产品，例如 AI 产品经理或机器学习产品经理。随着时间推移，这个限定词将逐渐消失，因为随着 AI 的普及，所有产品经理的角色都将得到相应的发展。就像本书中强调的那样，未来十年内所有公司都将成为 AI 公司，对于产品经理来说也是如此。在未来十年内，要成为产品经理，必须对 AI 有一定的了解和熟悉，这将成为基本要求。

在本节中，要讨论的最后一个主题是建立一个 AI 计划所需的成本，包括研究、开发、测试和管理 AI 活动的成本。作为产品经理，你不一定需要跟踪某个功能在公司中的实现成本和决策方式，但你需要了解投入产品中的成本。如果你正在开发 AI 功能，这将是你在构建产品时要关注的一个方面。作为产品经理，你的一部分工作是对比某些功能开发的成本和潜在收益。你选择用来展示功能价值和投资回报率(ROI)的指标将支持你的商业案例。

AI 不是万能的解决方案。仅仅为了获得竞争优势而贴上 AI 的标签并不是明智的策略。因为如果 AI 并没有显著改进产品，而只是作为一种虚有其表的功能存在，那么最终你的优势将会被其他能够恰当运用 AI 的产品所超越。了解哪些 AI 功能需要扩展以及它们如何改进产品，可以让 AI 产品经理的工作更加容易，并且随着时间的推移，你对这一点的理解越来越深入。保持好奇心和实验精神，并且勇于冒险。清楚地了解如何最好地支持公司，以及 AI/ML 的限制和好处，将有助于你在考虑功能和规划产品策略时取得成功。同时，了解 AI 投资可能带来的潜在风险，将有助于你在公司内部以及行业外部建立信誉。

作为 AI 产品经理，你要为公司树立 AI 推广的榜样。这种间接影响的主要部分就是提高人们对 AI 的认识和理解，包括增长、风险，对于产品和业务、以及其他利益相关者的潜在机会。随着时间的推移，AI 将影响所有的角色。AI 产品经理需要站在时代的前沿，因为产品经理与 AI 及其潜力密切相关，产品经理可以利用 AI 知识来引导组织度过这个转型期。

11.4 本章小结

AI 革命是多个层面的。在本章中，介绍 AI 在行业层面、从内到外的企业层面以及产品经理的角色层面的影响。对于那些身处 AI 转型行业的公司来说，11.1 节重点介绍了 AI 在不同行业中的采用情况，以及对未来工作的影响。11.2 节聚焦于 AI 如何改变公司本身，以及在组织层面如何采用 AI 作准备。11.3 节将这些概念具体对应到产品经理层面，强调了产品组织需要具备的心理建设，以确保在产品中采用 AI 的同时保持完整性和持续发展的竞争力。

在第 12 章中，将探讨 AI 在各行业中的发展趋势，这些趋势是根据知名权威的研究机构的调查所得出的。希望通过这些内容，能够帮助各位产品经理制定策略，将产品提升为 AI 产品，并在应用 AI 时全面考虑各种因素。

第*12*章

行业发展趋势与洞察

在第 11 章中探讨了 AI 的浪潮如何影响各行各业的公司，以及它如何在公司内部运营中发挥作用。在本章中，将从知名权威的研究机构的角度探讨AI在各行业中的发展趋势，以帮助产品经理和创业者制定策略，将他们的产品升级为AI产品。此外，还将介绍在尝试应用 AI 时需要考虑的各种因素，包括 AI 项目的准备和推动。

分析AI和机器学习应用的趋势，了解它们不断增长的发展领域，可以发现强大的未来机遇。AI 应用带来的巨大变革，构建的产品和工作方式都在发生变化。本书主要讨论了 AI 产品，同时也提到了公司在运营层面上因 AI 而发生的各种变化。对于那些希望通过构建 AI 来提升产品的公司，最好是同时利用 AI 来为内部目的提供支持。投资 AI 技术，可以利用 AI 同时提高内部效率并提升产品性能。

如果你想通过引入 AI/ML 的能力将产品提升到新的水平，就要接受对应的责任和特权。在本章中，将探讨知名咨询、研究和顾问公司对于 AI 应用的机遇，以及在传统软件产品中采用 AI 的趋势的看法。了解那些有潜力且可以显著改善产品的AI采用方式，有助于激发利用 AI 提升现有产品的灵感。

本章将涵盖以下主题。
- 最具增长潜力的领域：Forrester、Gartner 和麦肯锡的研究
- AI 采用的趋势：让数据说话
- 最容易实现的目标：快速实现 AI 的成功

12.1　最具增长潜力的领域：Forrester、Gartner 和麦肯锡的研究

在本节中，将从一些知名研究和咨询机构的角度，了解 AI 增长领域。通过了解这些增长领域与趋势，可以增长远见，预测未来的机遇。这对于将业务或产品的 AI 转型很有帮助，同时可以减少产品经理和技术人员对于在产品或服务着手采用 AI 的具体领域的分歧。

根据 Forrester、Gartner 和麦肯锡(McKinsey)的研究和趋势分析，下一节中将讨论最具增长潜力的领域，包括嵌入型 AI、伦理型 AI、创作型 AI 和自主 AI 开发。嵌入型 AI 将研究将 AI 应用并集成到组织的运营和产品的基础中。伦理型 AI 将关注 AI 部署中的责任和隐私问题。创作型 AI 将探索 AI 在生成式和 Web3 应用场景中的应用。自主 AI 开发将研究 AI 生成代码领域的发展。根据权威机构对 AI 趋势的预测，这些都是 AI 采用的战略增长领域。

12.1.1　嵌入型 AI：应用和整合案例

嵌入型 AI 是指将 AI 集成到企业的核心运营活动中。如果产品主要面向企业内部的 B2B 流程，例如架构、运营、交付、供应链、人力资源或采购等领域，你可能对增加 AI 功能来帮助企业履行对消费者的承诺感兴趣。根据 Forrester 对 2022 年趋势的研究，如果产品能够为 B2B 客户提供真正的价值，就能够帮助企业缩短从洞察到决策再到结果之间的延迟时间。Forrester 将这一领域称为"AI Inside"，意味着将 AI 嵌入企业的运营中。最终目标是根据信息或

事件自动做决策。

通常，产品能够给客户带来最有价值的就是提供客户能够做出重要决策的可操作的信息。如果产品能够提供可靠可信的信息，那么为了实现这样的效果，企业投资建立自己的 AI 基础设施是值得的。Gartner 在他们以应用为中心的 AI 框架中提出了这个概念，他们考虑了工程、决策智能和运营 AI 系统等方面的创新。

Gartner 认为，AI 在这个领域的重点是帮助企业提升整体决策智能，使企业内部的技术债务减少和可视化程度得到提高，同时降低风险和结果的不可预测性。换句话说，根据 Gartner 的观点，在这个领域 AI 最有影响力的部分在于帮助决策者清晰了解他们内部的流程，从自身数据中获得洞察，并做出关键决策。

根据 Gartner 的预测，因果型 AI 即将崛起。因果型 AI 是指能够识别和应对"因果关系"，而不仅仅是基于相关性的预测模型。因果型 AI 能更有效地提供行动建议，并具备更高度的自主性。此外，Gartner 还提到了其他几个 AI 实施领域，如增强型财务运营、网络安全架构、数据可视化和行业云平台等，这些领域都在迅速增长，并支持将AI整合到企业内部的业务流程中。Gartner 的《2023年度顶级战略技术趋势》报告中的"优化"类别中涵盖了这些内容。

这份报告还提到了数字免疫系统，它包含一系列实践和技术，旨在提高组织在面对威胁时的适应能力，从而保证它们能够迅速恢复并提供给客户或用户良好的体验。根据 Gartner 的观点，这个系统将涵盖各种工具，帮助企业应对潜在的风险，并从过去的失败中吸取教训，以更好地为未来做准备。数字免疫系统涉及任何可能对客户体验和交付产生负面影响的内部流程，而不仅仅局限于网络安全的角度。此外，应用可视化领域指的是组织运营中可能影响核心业务功能和基础架构的任何异常的检测工具。

麦肯锡在其《2022 技术趋势展望报告》中将应用 AI 列为最重要的战略特性之一。他们将应用AI定义为将智能技术应用于解决分类、控制和预测问题，以实现业务用例的自动化、增加或增强等能力。这些业务用例包括风险管理、服务运营优化和产品开发等。根据麦肯锡的研究，这些趋势的驱动因素包括全球范围内 AI 采用的扩大、更具成本效益的 AI 实施途径、训练速度的提高、基于专利的创新增长以及与 AI 相关公司的私人投资增长。在 12.2 节 "AI 采用的趋势：让数据说话" 中会进一步反映这些内容。

麦肯锡进一步指出了 AI 领域中表现最有前景的应用领域。在他们的列表中，机器学习位居首位，因为机器学习在优化问题和利用统计模型从数据中学习方面表现出色。

计算机视觉被列为第二个最值得注意的领域，用于利用视觉数据进行人脸识别和生物特征识别。第三个领域是 NLP，其在语音识别和虚拟语音助手领域的使用非常普遍。第四个领域是深度强化学习，特别用于机器人技术和生产线等领域。最后，他们提到了知识图谱，知识图谱能够从网络分析中获得洞察。这些主要的机器学习领域大多数都在本书中有所介绍，而在麦肯锡的《2022 技术趋势展望报告》中也可以看到这些领域的重要性。

12.1.2　伦理型 AI：责任和隐私

Forrester 认为，伦理型 AI 是另一个高增长的 AI 领域。由于有关组织的倡导推动和立法者对 AI 用途的伦理要求日益加强，负责任的 AI 领域正在迅速发展。由于 AI 已经广泛应用于人类生活的大多数领域，因此即使在这个早期阶段，AI/ML 能力也将面临越来越多的监管。那些能够应对公平性、偏见和治理问题的产品和服务可以获得更多的机会，可以向管理 AI 偏见的领域转型。

根据 Forrester 的观点，随着 AI 的广泛应用，"现有的机器学习供应商可以收购负责任 AI 的供应商，以获得偏见检测、可解释性和模型溯源的能力。" 对于已经在这个领域运营的公司来说，这是一个乐观的前景，因为随着未来十年的推进，我们将会看到对这类服务需求的不断增加。

嵌入型 AI 和应用型 AI 领域是 AI 应用增长最快的领域，机器学习不断地嵌入我们日常使用的产品中。无论是作为个人消费者还是企业,我们都会体验到机器学习的广泛应用。随着 AI 应用的增加,对机器学习的使用和部署审查将更加严格。

Gartner 也有类似的看法,其研究副总裁表示:"对于广大的利益相关者来说,提高对 AI 技术的可信度、透明度、公平性和可审计性的要求,其重要性正在日益增长。即使数据中存在偏见,负责任 AI 仍能实现公平性;同时,透明度和可解释性的方法也在不断发展,以增加可信度;同时,即使 AI 具有概率性质,我们仍能确保符合法规要求。"

在这些关于 AI 透明度和公平性的讨论中,我们还看到了一种预测的趋势。其中包括动态风险管理工具的崛起、网络安全的网状架构、云的可持续性,以及去中心化身份的出现。随着 Web3 应用的兴起,消费者越来越多地拥有自己的数字身份和数据。

麦肯锡把解释性分成三个部分。首先,需要解释模型是如何运作的。其次,展示因果解释性,解释某些结果如何从输入中产生。最后,也是最重要的,建立可信的可解释性:解释为什么可以放心地信任并使用一个模型。

我们正在打造 AI/ML 产品,同时也在把传统的软件产品升级为 AI 产品。这个过程将不断加强它们的可信度、可靠性和安全性。看到这三大顶级咨询机构如此重视 AI 的伦理问题,我对我们能够利用这些强大的工具去创造未来充满了信心。

12.1.3　创作型 AI:生成和沉浸式应用

前面的章节已经提到,像 Lensa、ChatGPT、DALL-E 这样的创作型应用,它们在写作、音乐和视觉艺术等领域展现了 AI 的创作能力,这个领域的发展趋势将会越来越好。Forrester 的研究报告指出,首席营销官(CMO)已经开始尝试将 AI 技术应用到数字媒体购买、广告活动自动化,甚至是营销组合优化等方面。因此,无论是企业还是消费者,大家对于这些创作型 AI 的应用和可信度都在逐渐提升,人们开始接受和利用 AI 带来的创作灵感。

2021 年，南非向 Stephen Thaler 创造的一个名为 DABUS 的 AI 系统授予了专利。这打开了一个全新的大门，AI 的创作可以获得法律保护。尽管在美国、欧洲和澳大利亚，AI 创作的专利不被接受，但在南非，它找到了自己的归宿。Forrester 认为，支持 AI 创作产出的立法将增加，以及创作型 AI 的专利将增加，因为这些热点会改变公众的看法。随着 AI 的生成物和产出逐渐获得立法认可，创新科技公司将在他们现有的产品中构建越来越多的 AI 能力。

在 Gartner 的《2023 年度顶级战略技术趋势》中，也提到了创作型 AI，并将其定义为"从数据中学习内容或对象，并使用数据生成全新的、完全原创的、逼真的作品"的机器学习方法。Gartner 预测，AI 增强设计或使用机器学习和 NLP 生成和开发创作内容的趋势将不断上升，不仅仅是创作内容，还包括"自动生成和开发数字产品的用户流程、界面设计、内容和表示层代码"。Gartner 还进一步预测，AI 辅助的沉浸式体验将成为创作型 AI 的一大趋势，特别是元宇宙的崛起和 Web3 的其他领域，都将需要 AI 驱动的表现形式。

虽然麦肯锡的最新报告并没有专门讨论创作型 AI，但他们在"应用 AI"类别里，确实探讨了 AI 在创作型应用中的可能性。他们还提到，沉浸式现实技术将是未来十年的重要趋势，并将得到 AI 的大力支持。

对于空间计算、混合现实(MR)、增强现实(AR)以及虚拟现实(VR)这些领域，AI 的作用不可忽视。在麦肯锡的报告中列举了一些具有战略意义的沉浸式现实应用场景，包括：学习与评估、产品设计与开发、提升情境感知，还有游戏、健身和零售等 B2C 应用场景。

12.1.4　自主 AI 开发：图灵机器人

长久以来，低代码和无代码工具一直致力于弥补企业在技术需求上和招聘专业开发人员所需的成本和时间之间的差距。Forrester 提出了一个新的概念，称为图灵机器人，也就是能够编写代码的机器人，这个概念将低代码和无代码工具推向了更高的层次。如果你正身处技术领域，并且正在考虑将 AI 集成到产品中，那么你需要和许多免费服务供应商进行竞争，向客户提供这些功能。

Gartner 提出机器学习代码生成工具的概念，并预测在未来十年，这将成为一个重要的主题。这些工具是与人类开发人员协同工作的机器学习模型，并集成到开发环境中，通过自然语言描述或代码片段作为提示，提供对应的代码编程的建议。由于机器学习非常擅长优化重复性的任务，因此可以结合机器学习来优化其自身的构建方式。

根据 Gartner 的预测，未来将出现一种被称为"自适应 AI"的系统。这些系统能够根据新数据不断地重新训练模型，可以同时在生产环境和开发环境中进行学习，以便能够迅速适应在初始开发阶段无法预见或获得的现实世界变化。换句话说，这种 AI 系统对训练数据的实时变化非常敏感，能够自动地调整其参数和目标，以更加灵活地适应不同的情况。

麦肯锡的《2022 科技趋势展望》报告提到，下一代软件开发是一个值得关注的战略趋势。报告强调了低代码/无代码平台的增长，以及基于自然语言语境的 AI 代码推荐、自动化性能测试、AI 辅助代码审查等将是未来十年的重要趋势。在组织中，包括规划和分析、架构设计、开发、编码、测试、部署和维护等各个阶段，对于产品构建或 AI 采用都有重要的意义。

本节探讨一些快速增长的 AI 领域，其中包括嵌入型 AI、伦理型 AI、创作型 AI 和自主 AI 开发，这些领域分别由一些知名权威的研究和咨询机构提出。下一节中，将通过数据深入了解这些趋势。

12.2　AI 采用的趋势：让数据说话

本节将讨论一些来自 Forrester、Gartner 和麦肯锡的调研数据，这些数据涉及之前提到的增长领域：嵌入型 AI、伦理型 AI、创作型

AI 和自主 AI 开发。结合这些数据，可以突出这些增长领域的重要性，并对整体 AI 采用的现状有一个概览。我们将从整体趋势开始介绍人工智能采用的一般情况，然后逐步详细介绍每个增长领域的数据。

12.2.1　整体趋势

根据 Forrester 对美国、中国、日本、法国、德国、意大利、西班牙和英国的 AI 趋势影响的研究结果显示："到 2025 年，AI 软件消费将翻倍，达到 640 亿美元。"这一趋势的驱动因素是 AI 增强软件产品的兴起，特别是软件公司不断扩展其 AI 功能，以及用于创建其他 AI 产品和应用的 AI 工具的增加，最终导致 AI 原生产品的兴起。

根据 Forrester 的《全球 AI 软件预测报告》(2022 年)，整体而言，AI 软件行业将以 50%的增长速度超过整体软件市场，到 2025 年，AI 软件支出，31%的投资来自将 AI 技术整合到软件中。Forrester 的数据和分析调查还显示，73%的数据和分析决策者正在开发 AI 技术，并且 74%的人认为使用 AI 对其组织产生了积极影响。

根据 Gartner 的调查结果，对于高级 AI 趋势的预测比 Forrester 更为激进(2021 年的预测)。他们预计到 2022 年全球 AI 软件收入将达到 625 亿美元，而到 2025 年，AI 软件市场规模将接近 1348 亿美元。在未来五年中，市场增长将从 2021 年的 14.4%加速至 2025 年的 31.1%，远超整体软件市场的增速。

根据数据显示，2022 年 AI 采用的主要用例包括：知识管理(增长率 31.5%)，虚拟助手(增长率 14.7%)，自动驾驶车辆(增长率 20.1%)，数字化工作场所(增长率 20%)，众包数据(增长率 19.8%)。与 2021 年相比，这些增长率都呈现上升趋势，AI 在各行业和用例中广泛应用。

麦肯锡的最新报告预测到 2030 年，AI 可能会带来约 13 万亿美元的经济产出，全球 GDP 每年将增长约 1.2%。但这种经济繁荣主要将惠及那些早期采用 AI 的发达国家和公司。其《2022 年 AI 状况及过去五年回顾调查》回顾了过去五年 AI 的采用情况。自 2017 年以来，受访者中，AI 的采用率已经翻了一倍多，而组织使用的 AI 能力的平均数量也翻了一倍。这些数据表明 AI 的采用正在稳步地与全球趋势和预测保持一致。

麦肯锡的调查还涉及 AI 应用的一些主要领域。调查结果显示，在采用 AI 的受访者中，最常见的功能是优化服务运营(即在组织内部应用 AI)，其次是基于 AI 的新产品开发。其他值得注意的功能还包括基于 AI 的产品改进、产品特性优化以及预测性服务和干预。

麦肯锡报告中另一个有趣的数据是，52%的受访者表示他们在 AI 领域的投入超过数字预算的 5%，相较于 2018 年的 40%，这一比例有所增加。而其中 63%的受访者表示，他们计划在未来三年继续增加对 AI 的投资，这意味着 AI 领域的投资将持续增长。这与 Forrester、Gartner 的观点相一致。

12.2.2　嵌入型 AI：应用和集成的用例

先探讨 AI 的一个最重要的增长领域：嵌入型 AI 的数据。麦肯锡的报告显示，有 56%的受访者表示他们的组织正在使用 AI。自 2018 年以来，AI 的训练速度提高了 94.4%，2021 年的 AI 专利的申请量是 2015 年的 30 倍，而且在 2021 年，投资于 AI 相关公司的资金达到了 935 亿美元，是 2020 年的两倍。麦肯锡还指出，工业化的机器学习，也就是采用和扩展机器学习的能力，将是未来十年产生最大回报的一个关键因素。

麦肯锡还进一步将 AI 的工业化细分为几个关键领域，包括数据管理、模型开发、模型部署、实时模型运营，以及整体的机器学习工作流程。根据他们的研究，AI 在全球各行各业的收入影响潜力高达 10 万亿～15 万亿美元，而采用 AI 的公司在未来五年的股东回报率有望提高 2.5 倍。然而，报告中还指出一个警示：在麦肯锡调查的组织中，有 72%的组织未能成功地采用和扩展 AI。其中最大的影响因素包括将试点项目转化为产品的困难、模型在生产中的失败、扩展 AI/ML 团队的生产力的困难，以及控制风险的限制。

12.2.3   伦理型 AI：责任与隐私

伦理型 AI 实践的增长数据也令人鼓舞，表明个人和公司正在认真对待 AI 带来的伦理和责任。随着他们的经验和投资的增长，Forrester 预测，25%的科技高管将需要向董事会报告他们的 AI 治理工作，包括：可解释性、对影响较广算法决策的公平性审计，以及对 AI 的环境影响(绿色 AI)的核算。这也表明，董事会和高层决策者意识到，未能处理 AI 的潜在危害，对客户、用户和组织造成了风险。

根据 Gartner 在这个领域的研究，到 2023 年，从事 AI 系统开发和训练工作的人员都要具备在伦理和负责任的 AI 方面的专业知识。Gartner 指出因果型 AI，也就是能够表达因果关系的可解释性 AI 有广阔的前景。

Gartner 认为因果型 AI 将需要五到十年才能普及，才能对业务产生深远影响。在这里，我们也可以看到信任与责任紧密相连，公司意识到解性和风险沟通的重要性，企业高管也会受到其影响。

Gartner 将 AI 的信任、风险和安全管理(简称 AI TRiSM)列为 2023 年的战略技术趋势，他们指出，在美国、英国和德国，有 41%的组织经历过 AI 隐私泄露或安全事件。这进一步突显我们对负责任的 AI 实践的需求非常大，这些实践涉及隐私和安全问题，它们一直都是非常必要和重要的。这些研究机构的发现很有意义，但同时也体现了 AI 中责任与隐私的风险与挑战。

企业后续构建和投资 AI 产品的过程中，不仅需要以可信的方式为用户构建产品，而且还应该意识到，如果不这样做的话，可能会对 AI 技术的投资造成威胁，甚至他们花费的大量时间、成本和精力都可能白费。

12.2.4　创作型 AI：生成和沉浸式应用

2022 年，创作型 AI 应用取得巨大的成功。Forrester 预测，未来，财富 500 强的企业对创作型 AI 的依赖以及如何使用 AI 工具生成内容将会增加，因为"人类创作的内容速度永远赶不上大规模个性化内容的需求。在未来一年，我们预计至少有 10%的公司会投资于 AI 支持的数字内容创作"。这意味着，各大机构将更加依赖这些应用来实现他们的营销和内容策略目标，这对 AI 生成应用在 B2B 营销领域中无疑是一大机会。此外，这个数据还未包括那些对创作型 AI 应用(如娱乐)感兴趣的消费者。

根据 Gartner 的数据，到 2025 年，生成型 AI 将占所有数据产生的 10%，而目前这个数字还不到 1%。Gartner 关注的生成型 AI 可以用于一系列活动，如创建软件代码、促进药物开发和有针对性的营销，但也可能被用于诈骗、欺诈、政治假信息、伪造身份等。这进一步突显了企业对使用创作型 AI 的依赖性的增加，不仅从营销的角度，也从运营的角度。

创作型 AI 的需求越来越大，随着更多商业用例的构建和优化，创作型 AI 应用将生成更多的内容。然而，对于消费者市场来说，这些数字很难预测，因为 2022 年是创作型 AI 真正迎来大规模采用的第一年，而目前个体消费者只是用于娱乐活动。

接下来，在消费者市场上将出现更多的创作型 AI 的应用。如果目前消费者市场中的创作型 AI 应用的讨论非常火热，那么未来将出现更多关于新的应用场景和激动人心的产品，尤其是在它们与 AR/VR、Web3 和元宇宙应用等其他新兴技术相结合时。

12.2.5　自主 AI 开发：图灵机器人

与创作型 AI 应用类似，自主 AI 开发的数据也同样令人振奋。Forrester 甚至大胆预测，到 2023 年底，图灵机器人将贡献全球 10% 的代码。由于强化学习和语言模型(例如驱动 ChatGPT 的 GPT-4)的普及，我们可以进一步利用低代码和无代码工具：只需要用自然语言的基本指令，就可以在 AI 的帮助下生成可用的代码。鉴于开发人员、技术人员、数据科学家和机器学习工程师的短缺，自主 AI 开发的兴起是非常振奋人心的。

麦肯锡公司也有类似的报告，到 2025 年，70%的新软件开发将使用无代码或低代码技术，软件开发时间将减少 90%。这对于软件的构建和创建过程非常友好。在 AI 的支持下，持续集成和持续交付的过程中部署效率可以加快两倍。部署是机器学习和人工智能应用成功的最难的部分，自主 AI 开发给我们带来很多信心。麦肯锡的受访者中有 37%的人表示，他们将会使用 AI/ML 进行代码库的测试和维护，而这将令 AI 辅助编码的优势提升到一个新的层次。

本节中，深入探讨了权威研究机构对当下 AI 发展的最高增长领域的调研数据。希望本节内容能够为你提供一些具体的参考数据，能够为你在现有产品中引入 AI 能力提供一些帮助。接下来，将讨论 AI 赋能，这是在你开始拥抱 AI 并做好准备之前的必不可少的组成部分。

12.3　最容易实现的目标：快速实现 AI 的成功

对于一个组织来说，要全面拥抱应用机器学习，是非常复杂的。本章的较大篇幅探讨了那些已经在业务中的组织如何利用 AI 的各种增长领域。在本书的第Ⅰ部分讨论了 AI 项目需要支持的各种基础设施。在本书的第Ⅱ部分讨论了 AI 原生产品。本书的这一部分讨论如何将 AI 融入传统的软件产品的过渡过程。

如果你已经为 AI 采用做好准备，就可以进入 AI 转型阶段，但在开始之前，我们需要明确一个重要的事情。如果没有为 AI 采用的漫长而艰巨的过程做好充分准备，就无法谈论真正的AI 转型。我们必须确保这个前提条件的到位。无论组织准备构建 AI 原生产品，还是准备在现有产品上采用 AI，都需要设定适当要求的目标期望，以保证这个努力能够成功。然而，在一个成熟的软件公司中，如果不能适应 AI 采用对组织的要求，就很难设立正确的目标期望。

为了营造适合 AI 的条件，我们面临着显性的和隐性的挑战。显性的挑战包括基础设施、投资以及技术。需要招聘并建立一个团队，团队中的人员需要具备专业的技术，以解决问题并应对 AI 带来的复杂环境。而这些技术人才目前非常稀缺，几乎每个企业都在争夺。同时，建立支持 AI 项目的流程和工作流程是一个艰巨的工程，其范围往往难以确定，就像 AI 项目本身一样具有挑战性。

隐性的挑战主要涉及思维和心理层面。在第 7 章中讨论了传统软件产品与 AI 原生产品之间的区别。两者最大的区别在于 AI 带来的不确定性。对于一个已经习惯确定期望的团队，很难准确表达 AI 转型的价值。AI 所带来的不确定性，使得在预算分配、软件采购、时间和成本的预期管理以及团队之间的工作边界重新设定等方面变得非常困难。

在全面支持 AI 项目之前，必须确保团队内部拥有合适的基础设施和流程。然而，即使有了基础设施和流程，如果内部团队还没有真正理解并内化它们，也无法实现全面的支持。根据 Gartner 的预测，到 2025 年，建立 AI 工程最佳实践的那 10%的企业将从 AI 努力中获得价值回报，至少是其他 90%企业的三倍。对于深入落实调研、正确建立 AI 项目的公司而言，这个潜在优势尤为显著。

AI 赋能就是弥合 AI 所带来的显性和隐性的挑战之间的鸿沟。为了让传统软件产品无缝地转型为 AI 产品，领导者和产品经理需要制定一个详尽的过渡计划。AI 采用对于组织和产品构建方式来说是一场重大的变革。它彻底改变了产品构建方式。要建立一个强大的 AI 赋能的文化，需要为团队做好应对未来的准备。

AI 赋能的核心在于数据。通过高效收集、标记和整理大量非结构化数据的方法，才能提升模型性能。优化数据流水线、保持数据的清洁，并确保有稳定的数据可供训练，这赋予了 AI/ML 流水线强大的能力。确保无误的数据转换、保持良好的数据质量，是实现 AI 赋能的关键。这是因为 AI 极度依赖数据。

要想让 AI 赋能或准备让 AI 发挥最大效果，首先得有一些足够的用例，这样才能支持对 AI 投资。其次，需要有大量的清洁数据来支持这些用例。最后，需要有明确的管理策略，规定谁能访问什么，以及如何在你的组织中划分角色，这样才能展示出所有权、控制权和安全措施，确保 AI 投资能够取得最大的成功。在下一章，将更深入地探讨这些概念。

12.4   本章小结

本章主要介绍了关于 AI 采用的趋势和洞察，这些洞察来自一些知名权威企业。探讨了他们对未来 AI 采用的洞察和预测。相较于将传统软件开发产品演进为 AI 产品，构建一个 AI 原生产品在许多方面更为直接简单。

本章作为铺垫，介绍 AI 采用的高速增长领域。对很多公司来说，最难的往往是不知道从哪里开始。只要你掌握了工作的节奏，你就能更好地预见下一步的方向。但是，当你正在面对一个重大的范式转变时，你会感到很大的阻力。我们选择了直观地回顾增长领域、数据和常见的用例，并为 AI 的启用做好铺垫，以确保产品经理能够明白 AI 采用对产品意味着什么。这是一项巨大的责任和挑战，我们应该认真对待。

第 13 章将深入探讨将采用 AI 的产品转型需要考虑的因素，并明确这对产品团队或组织的意义。

第13章

将产品演进为AI产品

本章将探讨 AI 在现有产品中的应用对其产生的积极和消极影响。产品经理需要根据产品的特性和需求，以及他们对产品的理解，来决定是否以及如何在产品中融入AI。对于某些产品，仅添加一个AI 功能就足够了。对于另外一些产品，可能需要对支撑产品的基础逻辑进行根本性的改造。产品的演进根据产品战略确定，并遵从公司的总体愿景。这些决策必须是协调一致的，并且需要得到企业高层支持。

本章还将深入探讨 AI 转型的各个领域，为制定产品演进的战略提供详细的步骤指南。本章将探讨如何进行AI 选择的头脑风暴，以及在此过程中最重要的考虑因素。本章还将探讨如何在竞争激烈的市场环境中评估产品的表现，如何打造一个能够带来成功的产品战略，并确定哪些标志和里程碑可以帮你建立信心，哪些提示你需要重新审视。

无论是要为产品添加AI 功能，还是要升级现有的产品逻辑，制定一个支持产品战略的计划都是成功更新产品、实现商业成功的关键，而且要具有可持续性。一旦成功将产品转变为AI 产品，欢迎参考本书的第 II 部分，第 II 部分详细介绍了构建和维护基于AI 的产品各个方面的内容。

本章主要介绍以下主题。

- 韦恩图：可能性和概率
- 数据为王：公司的血液
- 竞品分析：关注竞争对手
- 产品战略：建立适合组织的蓝图
- 红旗和绿旗：要注意和警惕的事项

13.1　韦恩图：可能性和概率

采用AI技术的产品有多个方面的好处，了解可能性和概率的韦恩图是AI产品战略旅程的重要部分。在这个过程中，你将经历一个如下的阶段。从一个开放的、感性的头脑风暴开始，探讨价值的概念以及产品如何将价值传递给客户，然后通过理性的分析性拆解来细化那个头脑风暴的成果。这两个部分都是产品管理创意过程的重要组成部分。

无论是从客户的主要问题、待办事项，还是功能的平衡性来分析产品，都需要了解哪些 AI 增强功能对于产品来说价值最高，哪些成本最低，哪些具备最佳的数据存储或可用性，以及哪些具有最高的高管或市场支持度。由于本节是关于如何将现有产品发展为 AI 产品的内容，因此将详细介绍这个步骤。

为了更好地了解 AI 和机器学习，并为采用AI 做好准备，可以参考本章的参考文献(扫描封底二维码下载)。通过阅读如何利用 AI 提升产品的相关书籍和文章自学，怀着学习的心态，将是AI 采用开始时最有帮助的事情。在真正踏上这个旅程之前，深入熟悉模型、了解其优势以及可选项，是非常有必要的。

在深入讨论之前，需要提醒大家一些关于采用 AI 时的注意事项。我们强调了"为什么"采用AI 的重要性。同时，讨论了与 AI 相关的营销炒作以及其对投资者和客户的吸引力。当产品沟通工作涉及 AI 和机器学习时，会引发许多噪声。很容易陷入吸引大量关注但缺乏实质内容的陷阱中。

最忌讳的是产品经理和技术人员投入大量精力去开发 AI，却推出一些只是为了迎合 AI 热潮而并未实质性提升产品的花哨功能。因此，既要抓住 AI 和机器学习为产品带来的实际机遇，同时也要制定一系列列表，根据价值、范围和影响三个关键因素对这些潜在机遇进行排序。

头脑风暴和创建这些列表的最终目标是在产品中定义一条 AI 演进的潜在路径。在整体产品战略和路线图中，你需要明确哪些领域是一开始就要做的，哪些领域是可以后续陆续改造的。AI 的转型不是一蹴而就的过程。需要从某个地方开始，并且鉴于投资 AI 的成本，需要有策略性和有意识地选择起始点。这将对产品的长期发展产生重大影响。

在接下来的内容中，将从不同的角度探讨采用 AI 的创意。这些角度将涉及 AI 采用对产品的影响，包括客户的感知价值的影响，以及对产品范围和对用户的影响。

13.1.1　清单 1：价值

产品管理的工作常常需要进行许多权衡和取舍。产品经理需要不断评估推出一个功能所需的努力和技术，并比较投入与收益。然而，如果从最有价值的 AI 增强功能入手，那么将需要从直观的和以客户为中心的角度进行决策。最首要的任务是了解产品对客户和市场的价值是什么，然后再找到相关的 AI 用例来进一步提高价值。

在与公司领导层和其他关键利益相关者进行讨论时，需要像这样的真相来源清单(source of truth list)，以便在决策困难时参考和使用。价值清单应该是真相来源的主要参考，每个产品都需要一个价值主张：关于产品如何为客户和用户带来价值的陈述。科技行业有许多虚假广告、过度承诺和夸大其词的产品。根据 2019 年的一个研究，声称拥有尖端 AI 产品的欧洲公司，高达 40% 的公司实际上并没有真正使用 AI。建立一个可靠的真实的 AI 增强清单，能够为客户提供实实在在的价值。打造一款成功的 AI 产品，需要从真正重要的事情开始。

可以把这个过程动作看作发散思维的练习。本书花了很多篇幅介绍了机器学习和深度学习中可以使用的各种用例和模型，还研究了许多垂直领域、行业和领先的 AI 采用趋势。在思考如何在产品中创造价值和增长时，可以使用此列表进行练习，挖掘所有潜在的想法，无论多么奇特或不切实际的想法。请记住 AI 的各种优势：聚类、排序、优化、预测、分组、比较、自动化、标准化，并从 AI 的趋势和研究中学习。

如何将这些优势应用到自己的产品中呢？发挥创新思维，不要让理性限制了想法。任何对客户来说都具有内在价值的内容，哪怕很小，都应该列入这份清单。同时，可以考虑前面章节中介绍的各种模型类型，以及它们在当前产品中可能带来的价值。评估不同类型的机器学习对产品可能带来的好处，并看看它们是否能改进与产品和客户相关的用例。

通过认真努力，可以从这个练习中获得对产品潜在发展方向的启发。同时，如果幸运的话，还将发现 AI 带来的新好处。在之后的过程中，可以逐步精简和完善这份清单。

在这一步骤中，充分发挥创意，思考如何在产品中扩展已有的价值，以满足客户和用户的需求。在这个步骤中，需要保持包容和开放的思维方式，因为你无法预知，清单上看似不起眼的想法，可能会孕育出未来的重要功能。对于产品经理来说，头脑风暴的潜在功能和用例也是有趣的事情之一。设法将其作为产品战略工作的标准部分，并每季度或半年定期回顾。

13.1.2　清单 2：范围

在完成上述对最具价值 AI 增强功能的清单之后，可以开始将它们按照范围从大到小进行优先级排序。范围不仅包括完成工作所需的时间和努力，还包括成本和所需技术水平。对于 AI 产品，了解哪些方面需要最多的努力、时间、成本和技术可能并不那么直观。通常情况下，我们只有在真正开始构建这些功能后才能真正了解，但请尽可能创造一个有序的列表，按照努力程度从大到小排序。

这个清单并不是绝对的真相来源，也不必如此。它也并非意味着优先构建那些需要最少努力的项目，但重要的是确定哪些 AI 增强功能需要公司投入更多资源来完成。从规划和资源管理的角度看，了解各个方面所需的努力程度非常重要。对于某些未来需要构建的功能，而且它们可能需要大量努力、时间或技能，而目前对应的资源还不够，了解这一点将有助于预测未来并做出必要的计划来准备资源。

这样做还能给领导团队提供时间和专注力，真正让他们深入了解投资于 AI 所需的要求，以及开展这一领域所需的技术和能力。充分讨论范围并明确组织当前的能力水平是这一步骤的关键。获取适当的技术资源，将 AI 变为现实，是一段艰巨的旅程。领导团队需要为此做好准备。

这不仅适用于获取人才，也适用于理解需要改变的内部流程。在涉及 AI 时，管理期望可能是使 AI 转型成功最具挑战性的部分，因此，在开始采用 AI 的过程中，可以预先采取一些措施来引导领导团队，使其为潜在的困难和挑战做好充分准备。这将在面临障碍时大有裨益。

产品经理都知道，范围是一个重要的因素，范围确定要构建的内容和时间。当你提议向产品添加 AI 功能时，需要确保自己在领导层面上树立起权威地位。即使有一支经验丰富、值得信赖的数据科学家和机器学习工程师团队，但产品经理仍然是产品负责人，对产品的战略目标负责。你需要对产品 AI 转化的关键因素和影响产品的重大决策保持高度监督和控制，因为你是这艘船的船长。恭喜你！这是一份权利，也是一种责任。

如果产品经理无法阐述清楚产品相关的决策，那么你就不具备权威性，而这将会在后期引起混乱，影响你的领导力。请记住，技术团队的存在是为了支持产品，提供专业的建议，并对组织战略部门决定的范围和功能的构建方式进行评估并提供最优方案。他们的职责是在产品经理的领导下和利益相关者团队合作，构建和实施产品经理的决策。明确定义产品权力归属，并推动技术团队准确分析项目范围，是这个过程的核心所在。

13.1.3   清单 3：影响范围

到本阶段，已经有了两个视角来审视产品 AI 增强功能，即最终价值的视角和范围的视角(努力、时间、技能水平和成本)。可以发现，在清单 2 中，正从发散的思维方式转向更多的分析性、收敛性的限制条件。而通过清单 3，需要通过考虑将对现有客户产生多大影响的角度来增加另一层条件：影响范围。

要创建这个清单，需要对现有产品的功能细节有足够的了解。了解部分客户如何使用产品，以及哪些功能对他们的产品体验起到关键的作用，是非常必要的。只有充分了解客户如何使用产品，才能准确预测这些提议的价值项对客户的影响范围。同样地，如果不了解客户如何使用产品，就无法向领导团队阐述为什么某些 AI 增强功能对客户具有价值。

这个观点看似理所当然，但往往有很多产品经理对客户如何使用产品的真实情况了解得并不深入。产品经理很容易陷入一个误区，把团队变成一个功能工厂，不断地叠加功能，而不是停下来认真思考，并确保产品全面和可持续地构建。与客户和用户保持紧密的联系是做一个产品经理的重要部分。如果没有分析产品的使用情况，或者没有与客户定期交流(无论是通过直接的客户访谈，还是通过应用内/平台内的调查)，那么你就无法真正了解客户是如何体验产品的。

如果你没有深入了解客户如何使用产品以及他们对产品最看重的地方，那么你就是在盲目地进行产品构建。如果你到了这个阶段，才突然意识到你实际上并没有这方面的信息，那么你需要抓紧补功课，并重新创建这个清单。这再次与我们在第一个清单上列出的原始价值项相关联。如果你发现自己处于这种情况，也不必担心。保留原始清单。了解客户，了解他们对产品最喜欢的地方，然后重新开始这个过程。这是产品管理的美妙之处：可以不断地发现更多信息！随着产品的构建和客户的增加，你逐渐发现更深层次的真相。不要灰心。如果你还有未解答的问题，那就是一个学习的机会。

现在，根据价值、范围和影响范围，可以确定潜在的 AI 采用优先级清单。接下来，要考虑的重要事项是数据准备，这是将传统软件产品转变为 AI 产品的重要步骤。对于产品经理，需要确保数据的格式能够适应新的 AI 功能，这将是产品 AI 演进的另一个重要领域。

13.2　数据为王：公司的血液

在开始构建和开发产品、准备进行测试并向客户发布之前，产品经理需要明确产品定位的战略。这就是上一节中韦恩图练习背后的思考过程。现在，我们已经了解了产品经理如何处理潜在的 AI 增强的过程，我们可以给价值清单增加一个额外的审查层次。这个额外的层次就是数据，数据是这个清单上的每一项的驱动力。一旦产品经理开始了解他们可以利用现有的数据源做什么，以及需要哪些数据源来实现清单上的项目，就离制订一个实际的计划越来越近了。

在接下来的小节中，将探讨数据准备的关键领域。为确保你在 AI 产品的数据准备和可用性方面做好准备，你需要采取以下必要步骤，包括准备和研究可用的数据，评估数据的质量，利用数据评估当前和未来对产品的采用情况，与数据团队合作，并最终通过数据来定义成功。确保在数据准备和 AI 可用性方面做好充分准备是必不可少的步骤。

13.2.1　准备和研究

在进行 AI 集成的决策之前，需要对数据源进行深入的研究，了解它们能够提供哪些洞察。数据的准备情况和可用性也会对 AI 产品在执行和市场推广方面产生重大影响。经过这些工作后，你也可能会发现，数据还没准备好，无法满足产品的发展需要。达到这个阶段可能是推出产品 AI 演进的 2.0 版本的过渡步骤。确保有持续的数据流来支持 AI 需要实现的功能，这是准备就绪的最终衡量标准。

在此阶段，尚未为即将推出的 AI 产品制定产品战略。最好在头脑风暴之后就进行数据发现阶段。这样可以尽早开始考虑如何最好地收集、清理和组织数据，以满足 AI 程序对基础步骤的要求，这是产品战略之前的基础步骤。这对于确定产品的核心功能和受众以及产品的 AI 功能都非常重要。你需要清楚地了解目前的数据能力，以及与产品目标的距离。这是每个产品经理在将现有产品转变为 AI 产品时都会面临的一个步骤。

如何最好地利用 AI 推动产品发展的头脑风暴过程，实际上是在构建未来的用例。尽管客户已经熟悉并了解当前的产品，已经存在一些已确立的用例，但是这些用例将会随着 AI 的发展而不断演进。了解当前产品中的数据流水线，以及需要如何改进和完善这些数据流水线，以支持新的机器学习流水线，这是进行 AI 转型的不可或缺的步骤。这一步骤很必要，如果问题解决不及时，那么产品将无法进一步转型，因为没有优质的数据，模型就无法取得良好的性能。

13.2.2　良好的合作关系

现如今，在 AI、数据科学和机器学习领域，有这样的一句格言"垃圾数据产生垃圾结果"。这是 AI 领域的真理。如果你不充分准备和清理数据，模型将无法提供期望的洞察和价值。如果你陷入这种困境，且忽略了 AI/ML 团队的建议，那么领导层将会认为这是一个浪费时间和金钱的内部 AI 项目，而你则难以辩解。而且，这确实是在浪费时间和金钱！

在 AI 产品的生命周期中，数据流水线策略不再仅仅是产品的必要输入，而是与模型和开发者共同创造 AI 产品的关键组成部分。这毫不夸张，数据流水线将构成 AI/ML 项目的大部分。你需要把它当作一个项目来思考。协调和管理数据源和数据质量将是 AI 领域成功的重要因素。要意识到采用 AI 将为组织带来范式转变，即便过去产品能够在充满重复、有毒的、不兼容的数据孤岛中运行，但在采用 AI 后，却不再如此。

组织在处理数据质量方面所面临的主要阻力来自内部：人们往往习惯于保持现有的流程。不变是一件容易的事情，对于大多数人来说，保持现状是一种自然的本能。即使组织对提升数据实践志在必得，各个利益相关方团队支持，但这还远远不够。你需要宣传在数据质量方面思维方式转变的重要性，以及阐述实现这一目标所需的成本和时间。对于提高数据质量，口头承诺是没用的，团队行为的实质性改进是关键。

产品经理需要预防和应对内部阻力，并让大家明白数据质量问题会面临的风险。请记住，当你试图改变一个已经运行良久的产品的工作流、流程和部门习惯时，你要面对的是整个团队，他们已经习惯了在固化的方式下工作。这些变革需要集体的努力。这不仅仅是因为领导层的指示而发生的产品演进，这是一个需要整个产品团队共同合作的产品演进过程。同时，你也要管理好自己对此的期望。这是一个需要时间才能内化的过程。你可能会经历有几天感到受挫，也可能有几周看不到变化，甚至重新回到以往的固化的习惯中。

13.2.3　基准测试

数据是公司的血脉，为内部决策和产品性能提供持续动力。通过客户和产品数据，可以了解产品中已经具有价值的部分，并推断哪些提议的功能对客户影响最大。历史内部数据将有助于了解产品中哪些功能实现需要更长时间，从而预测未来的范围。

产品分析将有助于确定哪些界面设计、用户体验和设计的改变可能产生较大的影响。通过分析模型训练和性能数据，你可以了解哪些机器学习模型最可以满足客户。运营数据将帮助你了解哪些模型部署最成功，以及成功的原因。数据有助于你管理发布计划和产品路线图(product roadmap)。这些数据对扩展产品非常有帮助。

在制订 AI 采用计划时，基于现有数据建立一个基准非常重要。这样做的目的是在今后的季度和年份中，能够清楚展示 AI 在公司内外的用例中所取得的进展。没有明确的基准，就无法准确评估产品的进步程度。

作为一位产品经理，需要有力地证明产品在应用 AI 方面所取得的里程碑。业务会不断发展，指标也会随之变化。但在你踏上 AI 采用之路之前，请充分利用已有的数据，这样才能在未来真正地回顾产品的进展。

13.2.4　数据团队

在这一步骤上，你需要根据你和领导团队的决定来安排时间。你需要与数据战略顾问或与技术利益相关者进行深入讨论，组织数据流水线的最佳方式，从而实现最佳的 AI 采用效果。你也可以建立一个专门的数据团队，由跨职能团队成员组成，负责监控数据。这个团队专门解决各种数据孤岛的细节问题，并决定将数据集中并传输给模型的最佳方式，最终进入生产环境，这将是解决数据中不可避免的各种不一致的好方法。

把这看作你在研发和产品设计阶段的一项投资，并给予它应有的时间，因为它是 AI 基础设施的基础部分。数据的存储方式，数据的调用频率，模型的训练频率，以及为支持这一新的 AI 基础设施制订发布计划，这些是要讨论的内容。在这个阶段，尽管还不需要做出决策，但你应该尽早展开讨论，因为当你准备考虑模型、训练和测试时，需要有干净、丰富的数据来训练这些模型。

对数据进行了解、探索、实验、整理，为特征工程(用于机器学习模型)做准备，将数据用于建模，评估这些模型的性能，最终部署模型，这些都将成为常规讨论的内容。因此，在确定如何采用 AI 之前，及早开始关于数据战略的讨论是一个战略性的举措。这也使得技术专家能够尽早参与讨论，因为 AI 采用是一项高度技术性的投资，技术专家应该尽早参与并发表意见。

正如前面章节介绍的那样，在 AI 产品中，特征工程是确保选择模型适当的重要组成部分。这进一步强调：确保技术团队对于收集哪些类型的数据以及最终用于训练模型的决策发表意见。

13.2.5　定义成功

你还将使用内部数据来设定指标，在本书的第 II 部分进行了介绍，以便为产品定义成功的标准。定义成功是一项协同行动，对于 AI 产品的产品经理来说，关键是要让公司的所有主要利益相关者参与其中，以便公司内部在定义成功方面达成一致。如果产品的 AI 演进的过程中没有涵盖市场推广、销售、营销、战略、工程和领导团队的意见，它将无法获得真正有效的支持、资金支持，也无法在内部、外部得到广泛宣传。

尤为重要的是，如果产品没有得到适当的支持，产品的成功也无法与组织层面上最重要的业务目标联系起来。与这些团队建立正确的数据熟练度，并使用数据来支持你关于产品发展方向的主张，这是毫不妥协的。在处理数据方面，请对自己、组织和技术人员保持耐心。数据是关键所在，它是整个产品项目的原动力。不要被压力所驱使，急于行事。业务的紧迫性总是催促产品尽快上市。然而，只是一味地开始并随着进展而构建产品，是产品经理和领导者需要共同抵制的。对此，要结合数据，定义成功，然后再行动。

现在，已经讨论了在产品中构思潜在的 AI 采用的内部过程，以及确保支持 AI 采用的数据准备的各个阶段。接下来，讨论外部环境。竞争对手将为你的产品的 AI 采用提供各种可能性参考。我们不是建议简单模仿竞争对手的 AI 战略，而是在考虑和选择战略时，将竞争对手的 AI 采用作为参考。

13.3　竞品分析：关注竞争对手

利用已有的数据可以让你获益良多，但你总是需要从外部世界获取反馈，以便补充和完善这些数据的洞察。了解竞争对手有助于制定战略。竞争对手为你提供来自同行的示例，他们可能已经实现了你所期望的突破。你从竞争对手那里看到的示例将成为你灵感的来源，有些示例将帮助你避免某些错误。要认真研究竞争对手，特别是那些已经采用了 AI 的竞争对手，这将对你选择要构建的内容有所帮助，并且应该成为之前建立的清单中的一个重要因素。

有些人会反驳这一观点，并认为你应该根据自己对市场和客户问题的理解来构建产品。这种观点认为，专注解决问题，不受竞争环境的干扰。这种观点是出于善意的，但存在着很大的缺陷。

市场是一个动态的环境。产品需要与同类产品进行比较，在很多情况下，一个产品定义了另一个产品。无论是面向消费者还是其他企业，产品都需要与同类产品进行比较。了解竞争对手并不意味着要像他们一样构建产品，而是要获取宝贵而现实的洞察。忽视竞争对手对产品的影响就好比忽视行业的影响，无论你是否认为它的存在，它都会影响到你。

还有一个重要的观点是要意识到竞争对手中有很大一部分相当于你自己产品的过去迭代版本。你正在与过去的产品迭代版本竞争。针对这个过去迭代版本进行深思熟虑，特别是那些没有采用 AI 的版本，将在产品设计过程中起到重要作用。思考一下这些旧版本的局限性，以及旧版本产品为客户提供了哪些机遇、优势和挑战。思考如何在打造未来的新版本时充分利用这些机会、局限性和挑战，又可以把你的旧版本或当前产品视为对未来产品的一种威胁。

在进行竞品分析时，你可能会想要立即进行与顶级竞争对手的功能比较，制作一个功能对比矩阵。这种做法通常是有价值的，特别是对于销售、营销和参与团队而言，但在这个阶段，还不是进行这种比较的时候。现在，你可以从最初列出的原始价值清单的角度分析竞争对手。这个价值清单不仅仅是关于要为产品添加的功能的清单，而且是产品为用户和客户提供的价值类型的概述。功能是描述性的、事实性的，而价值则更加关联于产品的意义。

如果你难以理解价值对比与功能对比的区别，你也可以从功能本身开始练习，思考并记录每个功能对客户的意义。如果你能做到这一点，那么在评估竞品时，你就能够进行这样的分析，以便了解竞品是否能够为市场提供相同水平的价值。另外，要特别关注那些已经推出自己的 AI 功能或升级的竞争对手，了解这些决策如何影响市场对价值的认知。

了解竞争对手不仅有助于理解你自己产品的可能发展方向，还能洞察所在行业的未来走向。了解竞争环境及其变化对于发现行业趋势，并决定你是要积极参与还是成为变革的推动者，对产品具有重要影响。市场推广本身就是一门专业，产品经理需要扮演这个角色。你越熟悉所服务的市场及其在 AI 方面的发展，当你决定如何在自己的产品中利用 AI 时，就能更加有把握地做出决策。

迄今为止，我们已经介绍了对现有产品中 AI 采用的潜在领域进行头脑风暴，掌握数据准备情况，并评估竞争环境中的 AI 采用。当你准备为产品进行 AI 演进时，所有这些都是有价值的输入，你将会根据它们制定产品战略。下一节将探讨如何建立符合之前构思的新产品战略。

13.4　产品战略：建立适合组织的蓝图

到目前为止，已经获得了一些可能的想法，并且已经对数据进行了全面的盘点，同时也从竞争对手和市场中获取了深刻的洞察，现在可以开始制定产品下一个重要阶段的产品战略了。从传统的软件产品转变为 AI 产品是一项艰巨的任务，这是对产品的一次重大改革，产品的构建方式、构建的产品，以及如何存储、收集和使用数据都将发生重大的转变。

产品战略制定直接关系到产品路线图，有助于明确产品的哪些部分需要优先进行改变，以实现产品的 AI 转型和商业成功。不过，制定一个符合产品新价值体系的产品战略和基于战略制定一个产品路线图之间有很大的区别。路线图是一份预计的时间表，列出了未来一年内将要实现的主要里程碑和功能。因为路线图是根据这个战略派生出来的，所以在关键利益相关者同意你的产品战略之前，不应该提前制定路线图。

产品战略不能盲目地制定，然后抱着侥幸心理。产品战略是通过集体的知识和智慧制定的，对产品以及如何利用AI功能进行市场推广达成一致意见。在接下来的小节中将介绍产品战略的过程，以及如何制定一个适合所有主要利益相关者的产品战略的建议清单。

在接下来的小节将介绍如何执行最佳的产品路线图，以支持 AI 功能的增长。这不是一个具体的操作指南，因为不同的产品，其战略的执行顺序及贡献都会有所不同。相反，可以将这看作一个清单，确保你朝着正确的方向前进。

- 知识收集
- 产品愿景
- 产品目标
- 产品路线图

13.4.1 产品战略

产品管理是一项富有创意的工作，最首要和最棘手的部分就是知道从哪里下手。如果能从已有的产品开始着手，将是一个比较好的起点，因为这相当于有一个明确的起点。一旦你开始本章中介绍的一些清单和练习，就可以准备开始制定产品战略了。产品战略是一个高层次的规划，指导产品如何随着时间的推移逐步构建，并整合了推广产品的多个方面：市场营销，分销渠道，以及如何向客户传达。无论产品是否是 AI 产品，产品战略都不应该只考虑内部意见，还要考虑产品用户的声音。

知识收集

客户和潜在客户的反馈清单是产品从客户和用户建立反馈循环的重要方式。公司需要构建相关的反馈机制。令人惊讶的是，有些公司在确保定期收集反馈会显得有些马虎，无论是通过一对一的产品访谈还是通过应用内调查，以捕获客户的情绪。你需要进行头脑风暴，看看哪种方法最适合产品和市场，并能够定期从潜在客户和现有客户那里收集反馈。

此时，你已经有了坚实的基础：清单的结果、对数据需求的明确认识、竞品分析的洞察，以及通过各种会议和头脑风暴收集到的一些重要利益相关者的意见和建议。通过整理所有这些信息，你能够对如何最好地利用 AI 提升产品有了一些想法。然而，你还缺少一个关键的部分，那就是客户反馈。整合所有这些信息将是一个把所有这些部分组合在一起形成初稿的过程，这将有助于你深入理解制定产品战略的真谛：决定组织希望通过产品实现什么，并创建一个与整体公司愿景相一致的产品战略。

产品愿景

这里不是打算深入讨论公司的使命声明或愿景具体是什么，但可以肯定的是，它们肯定存在。如果你还没有，也可以趁着这个机会，制定一个简单的声明，概括出组织存在的意义，试图实现什么，愿景又是什么？从这个角度出发，产品愿景应该与组织的高级市场目标保持一致。在产品愿景中，你需要清晰地描述产品如何满足目标市场的需求。客户和市场面临的需求和问题是什么，产品如何满足这些需求？在你思考 AI 如何塑造产品愿景之前，需要清晰地理解这些问题，然后花点时间思考，当你引入 AI 时，产品愿景会发生什么变化。如果可能的话，尽量把这个问题简化到一两句话。

收集反馈和设定产品愿景，这些工作都不能由产品经理单独完成，需要团队的共同努力。产品经理的职责就是把各方的声音汇集在一起，确保所有的利益相关者团队能够达成共识。产品经理是这些决策会议的组织者，并确保通过会议得到所有在场人员都能接受的结果。你需要定期与这些产品战略会议中的利益相关者讨论，不断重新评估这个愿景的演变。

产品目标

接下来，你需要为产品设定目标，没有高层次的目标，产品战略就无从谈起。这些目标将是一项关键的思考任务，它源于你的产品愿景，特别是现在这个愿景已经包含了适合产品的 AI 采用方式。

你真正想通过产品实现什么？

你希望通过 AI 实现的某些重大里程碑或基准是什么？

设定产品目标有助于衡量产品在客户、用户、市场、开发人员以及组织内其他员工中需要实现的重要目标，并为此做准备，同时将这些目标加入战略性的 OKR(Objective and Key Result，目标和关键结果)中。

如果你不先把大问题解决掉，从最重要的事情出发去设定产品愿景和目标，你就会被琐事淹没，你就无法有策略地构建产品。你会毫无目标地尝试，甚至可能会模仿竞争对手的产品，或者盲目地去逢迎客户的要求。鉴于向 AI 转型的重要性，在这里有必要花点时间找到一个有利的出发点。在寻找产品愿景和设定产品目标时，不能盲目地考虑竞争分析、客户或内部团队的反馈，你需要批判地思考怎样才是合适的。

可以尝试让整个过程更加团队协作，将你和所有利益相关者的各项目标都记录下来，并一起进行优先排序。你可以回顾和审查这些目标，同时可以试着和团队一起集思广益，优化这个清单，并尝试在这个阶段设定三到四个高级产品目标，这样就可以开始自信地制定产品路线图。所有这些目标都会被分解成更小的部分，这些部分往往可能需要几周、几个月，甚至几年才能完全实现。这没关系。产品目标本身就不是几天或几周内就能实现的事情。产品目标应该足够全面和有战略性，以便能够长期存在，同时指导整体产品路线图，并确保每个人都在为一个共同的目标努力。

13.4.2　产品路线图

最后，来到了制定产品路线图的这一环节。这是确立产品战略的最后一步，也是最为详尽的部分，因为它需要承接所有来自战略目标设定和愿景规划的行动。这就是构建和发布产品的神奇之处。产品路线图帮助我们考虑那些我们尚未涉及的条件、限制和依赖的地方，把战略性的抽象目标转化为具体的实践计划。产品路线图并不是一成不变的，需要随着时间和情况的变化而调整。产品路线图的目的是给产品团队提供一个战略方向的指引。它们应该是产品愿景和目标的概览描绘，将产品愿景和目标转换成时间计划。

组织里的每个人都需要看到产品路线图，它会作为所有团队在制定各自目标和计划时的参考。产品路线图也是一种传达你所有战略会议成果的方式。它也起到了为各种项目、行动和实施问题设定边界的作用。

产品构建过程中在所难免会遇到截止日期、问题或瓶颈的压力。因为产品路线图是按照月份和季度来规划的，遇到类似情况时，团队需要可以参照这个内部准则，了解他们具有多大的自由裁量权，以及何时需要将问题升级处理。这一点在 AI 产品中尤其重要。在产品开发过程中，往往会遇到某些实验或项目的实际完成时间比预期要长。定期召开产品战略会议，对产品进展进行回顾，能够有效地应对任何对截止日期或项目范围产生重大影响的突发情况。

建立产品路线图能确保产品设计、开发、用户体验、客户成功、营销和销售等各个方面都能与产品战略目标保持一致。你在路线图中列出的每个重要的行动都要有相应的文档，例如用户故事或产品需求文档，并且要确保所有的重要行动都需要符合一定的接受标准，从而使得路线图和具体结果的表现紧密联系。产品路线图不仅仅是你计划在某个日期之前交付的功能集合，而且代表了你期望从开发工作中看到的成果。可能有多个功能都是为了实现这些成果。

当你开始筹备一系列的大任务和小任务时，逐步将它们与产品目标和行动计划中的主题进行对齐，这些任务会进一步被整合到冲刺和发布中。产品团队，包括 AI 产品经理，将主导产品路线图的创建和维护，并将不断地将路线图中的各个元素分解为具有特定验收标准的独立任务。随着推进，各种主题将开始浮现。产品路线图将反映关键的行动和成果，无论是对客户产生了最大的影响，还是为企业带来了最大的投资回报(ROI)。

作为 AI 产品经理，在确定产品路线图的最后一步后，你需要提供足够完善的产品路线图版本，并开始向整个组织推广这个路线图。到目前为止，所有这些都是团队协作的成果，但是如果团队协作成员太多，你可能会因为过于分散而无法取得有效的进展。建立一个足够代表领导层、开发团队、产品团队和市场营销团队的利益相关者团队本身就是一个战略性的任务。他们将帮助你确定产品路线图。确定产品路线图后，你需要向整个团队传达这个消息并从团队的其他成员那里获得反馈,因为每个人都需要将它作为工作指南。允许更多的反馈和意见，相当于为产品实际提供另一层的审查，因为有些声音可能在核心利益相关者团队中没有被关注到。

现在，你已经有了一份完善的产品战略和路线图，这也正是我们期待的最终结果。然而，这个过程是没有终点的，这只是我们对当前迭代的首次规划。我们的目的并不是完成什么，而是找到一个大家都认同的起点。随着产品构建的推进，需要不断地对产品战略和路线图进行更新和优化，也需要定期回顾和调整。对于一个新的组织，可以每两周或者每个月回顾一次；对于一个比较成熟的组织，可以每个月或者每个季度回顾一次。在制定路线图的时候，确保你至少规划未来的两个季度，这样你就可以更有策略性地规划资源和时间。

AI 产品经理是回顾会议的组织者，你的职责就是确保主要团队能定期参与这个战略性的会议。你需要保持与团队的沟通，给新的想法和改变创造条件，并让它们能够成为产品战略和规划的一部分。这样做不仅能获取在实施计划过程中产生的所有新动力，也是一种定期接纳新观点的方式。在进行头脑风暴时，可以轻易得到一些非常棒的想法。但是，在执行的过程中，头脑风暴的机会就变得很少，产品工作也会变得单调乏味。

所以，别等到对产品构思毫无头绪的时候，才匆忙召集大家临时开会讨论。这样做并不明智，这会给团队带来很大的压力，团队也无法临时提出有创意的点子。定期举行这个会议，能让团队对此有所准备，并习惯带着自己的点子来参加。坚持定期开会，持续发挥集思广益的作用。你也可以在没有创意的情况下缩短会议，节省更多的时间。

坚持定期开会，这样团队成员就能自己准备一份要在会议上讨论的议题和考虑因素的清单。这也能让你保持清醒，避免一直处于执行状态。当我们沉浸在埋头苦干时，我们的视野可能会被产品建设的惯性影响，而模糊了方向。这是一种很常见的误区。保持产品战略的更新是最终责任，它主要由建立产品愿景、目标和路线图时发生的战略元素组成。定期举行产品战略会议，并更好地管理战略。

13.5　红旗和绿旗：要注意和警惕的事项

在 AI 产品的开发过程中，会遇到一些在 AI 转型过程中常见的陷阱以及成功的标志。我们将它们称作红旗(警告信号)和绿旗(积极信号)，它们是你在让产品准备好进行 AI 采用的过程中可以注意到的信号。其中有些是具体的行动或结果，有些则更富有情感色彩，但不管怎样，你都可以把它们当作标志，以判断你是在正确的道路上前进，还是遇到了可能的困难。在接下来的小节中将讨论一些红旗和绿旗相关的内容。

13.5.1　红旗：警告信号

红色警示是需要留意的行为模式，表明我们所设立的流程可能存在问题。对于任何公司来说，AI 采用都是一项革命性的举措，所以最好早些留意这些习惯性的模式，以确保我们从一开始就走在正确的道路上。

- **我不知道**：如果你经常与公司的各个团队或员工进行交流，他们对公司为什么要采用 AI，这对客户或用户的价值是什么，以及产品的主要目标是什么等等都感到困惑时，那么这就是一个警告信号(红旗)。制定与 AI 采用相一致的产品战略的目的是确保组织中的每个人都明白我们为什么要这么做。确保整个公司都知道为什么要采用 AI，以及希望用它解决哪些用例。

- **沟通阻塞**：如果你没有常规性地组织产品会议，或者会议中缺乏团队成员的参与，那么你可能会遇到一些内部的阻力并需要处理。你需要尽最大的努力去传达 AI 采用的机会，包括产品方面和整个市场方面。不要将 AI 转型视为一项繁重的工作，当你能感觉到组织中的领导层和利益相关者的好奇心和开放性时，说明你走在正确的道路上。高层管理的参与不足是一个严重的警告信号(红旗)。AI 的工作并不是领导层可以完全交给下属处理的。他们需要在 AI 采用旅程的每个阶段都始终参与和投入。

- **看不到进展**：如果你已经开始着手搭建 AI/ML 流程，但看不到任何进展，或者甚至连模型训练都没有看到一些早期的积极信号，那么你可能没有足够的技术水平来应对 AI 转型这个艰巨任务。确保团队有合适的人才、技术栈和专业知识储备，这本来就是很难在一开始就做到的，许多公司在开始时都在建立正确的因素组合上挣扎。如果你在找人才方面有困难，可以考虑与 AI 咨询公司合作，他们可以帮助你从多元化人才库找到一个有过类似用例经验的人才。

13.5.2　绿旗：积极信号

本小节主要介绍一些初看起来像是警告的积极信号。希望你能提前做好心理准备，了解在成为 AI 产品经理的旅程中可能会遇到的一些挑战，从而更好地管理自我期望。以下的行为模式通常是项目正在走向正确方向的标志，尽管你可能并未意识到。

- **试点项目的失败**：AI 采用本来就很容易失败。我们已经深入地探讨了如何管理期望，这对于 AI 产品的构建很关键。产品经理是团队的信心支柱，在面对不尽人意的性能或者根本没有性能可言时，都必须要调整自己的心态，以及他人的心态。机器学习是非常有效的工具，全世界的公司每天都在建设性和生产性地使用它。那些对 AI 有决心、持之以恒的人，最终会得到他们应得的回报。但是，尤其是在项目的开始阶段，或者当你从一个传统软件产品的视角开始时，很难看到 AI 的进步。但请给它一些时间，不要轻易放弃。
- **反馈过多**：无论来自客户、潜在客户、用户，还是内部团队，如果你发现自己被各种反馈信息所淹没，诸如什么应该被纳入产品路线图，什么不该纳入，那么可以将这种情况视为一个积极信号，说明你已经成功地向他人传达了产品愿景、目标和发展规划。在 AI 转型的过程中，如果一开始就有很多人参与进来可能会对你造成负担，但这其实是一个非常好的迹象，表明人们对此非常关注并积极参与。与其充当试图活跃气氛的拉拉队长，扮演反馈信息的裁判角色显然容易很多。
- **重新构想数据消费**：如果团队正在改变他们对数据使用和处理的方式，那就说明公司的文化正在向数据驱动转变，这将进一步推动 AI 平台取得成功。假如组织意识到需要彻底改变他们对数据的注解、存储、收集和使用的方式，那就说明 AI 的转型已经进入一个新的阶段，它正在影响内部团队的氛围和运作。

作为 AI 产品经理，你需要时刻保持警觉，预防可能出现的问题，同时也要密切关注 AI 采用的指标。随着这个过程在组织的展开，你需要展现出领导力。如果你能在困难时刻给同事提供帮助，在必要时给予鼓励，那么你作为 AI 产品经理的信誉将会得到认可。

13.6　本章小结

作为最后一章，本章的主题是：将现有的产品演变为 AI 产品。这一章的很大一部分都是介绍如何洞察和准备迈向 AI/ML。在本书的第 II 部分，深入讨论了与 AI 原生产品相关的概念：一个开始就用 AI 创建的产品。一旦你真正让产品全面拥抱 AI，你可以参考本书的第 II 部分，它更专注于在构建 AI 产品过程中会遇到的问题。本章重点介绍拥抱 AI/ML 的准备阶段，因为 AI 转型带来的重要性不言而喻。

头脑风暴，对这些想法进行实际的审查，正确处理数据，评估面临的竞争环境，以及引入利益相关者来制订过渡计划，这些都是为 AI 做准备的一部分。本章介绍的所有想法都说起来容易做起来难，每个小节都是一个独立的过程，但只要你能确定产品战略并开始执行，制定出符合整个组织的产品路线图，你就已经在构建 AI 的道路上了。

作为一名产品经理，特别是负责产品 AI 转型的产品经理，是一种特权，也是一种沉重的责任。这是你的产品管理职业生涯中的精彩时刻，也是你可能会怀念的时光。我们正处在时代的转折点，能够在组织和产品的这样一个重大举措中尽情发挥的产品经理并不多见。当你在这个旅程中遇到困难时，提醒自己，并传播给组织，这是一个艰难的转型过程。拥抱 AI 以及接受其带来的种种挑战，并不是一件容易的事情。如果你发现自己感到挫败，其实这是好事。这意味着你为产品和组织在 AI 方面的成功投入了足够的关心，以至于引发了情绪反应。请对你自己和团队成员宽容一些，你们正在共同努力去迎接 AI 的浪潮，这是值得骄傲的事情。